CW01642540

Instrucciones para la vida

Instrucciones para la vida

Un pequeño manual completo

H. Jackson Brown, Jr.

Plataforma Editorial

Título original: *The Complete Life's Little Instruction Book*
Originalmente publicado en inglés por Thomas Nelson,
Nashville (Tennessee, EE.UU.)

Primera edición en esta colección: diciembre de 2014

Plataforma Editorial
c/ Muntaner, 269, entlo. 1ª – 08021 Barcelona
Tel.: (+34) 93 494 79 99 – Fax: (+34) 93 419 23 14
www.plataformaeditorial.com
info@plataformaeditorial.com

Depósito legal: B. 26.711-2014
ISBN: 978-84-16256-29-7
IBIC: VS
Printed in Spain – Impreso en España

Diseño de cubierta y fotocomposición:
Grafime

El papel que se ha utilizado para imprimir este libro proviene
de explotaciones forestales controladas, donde se respetan
los valores ecológicos, sociales y el desarrollo sostenible del bosque.

Impresión:
Liberdúplex
Sant Llorenç d'Hortons (Barcelona)

El papel utilizado para la impresión de este libro
ha sido fabricado a partir de madera procedente
de bosques y plantaciones gestionados con los
más altos estándares ambientales.

Papel certificado por el Forest Stewardship Council ®

FSC
www.fsc.org
MIXTO
Papel procedente de
fuentes responsables
FSC® C109440

Índice

Introducción

Muchas cosas han pasado desde aquel otoño de 1990 en que me senté a la mesa de nuestra cocina y llené unas cuantas páginas con instrucciones y observaciones de mi propia cosecha para mi hijo, Adam. Él comenzaba entonces su primer año en la universidad, y me pareció que una recopilación de las percepciones y los descubrimientos que habían influido positivamente en mi propia vida sería un regalo idóneo para conmemorar ese importante acontecimiento.

Como joven adulto, Adam no tardaría en tener que enfrentarse a las encrucijadas más exigentes de la vida. La diferencia estribaría en que eligiera el camino correcto. Este era mi intento de ayudar a que su corazón y su cabeza supieran encontrarlo.

Aquella primera lista de consejos paternales contenía 511 entradas, y yo le enviaba una nueva recopilación cada dos años. Esas listas se publicaron en forma de tres pequeños libros, y para mi sorpresa y agrado se convirtieron en superventas.

Pero a Adam y a mí nos enorgullece más el hecho de que esa correspondencia nuestra se encuentre disponible en 33 lenguas y siga animando, inspirando y estimulando a lectores de todo el mundo.

H. J. B.
Tall Pine Lodge
Fernvale, Tennessee

Para Adam, mi hijo
y, en muchos sentidos, mi maestro.

Hijo, ¿cómo puedo ayudarte a ver?
¿Puedo ofrecerte mis hombros para te subas a ellos?
Ahora ves más allá que yo.
Ahora ves por los dos.
¿No vas a decirme lo que ves?

Volumen I

1. Elogia a tres personas cada día.
2. Ten un perro.
3. Contempla un amanecer al menos una vez al año.
4. Recuerda los cumpleaños de los demás.
5. Da una propina mayor de la habitual a las camareras del desayuno.
6. Estrecha las manos con firmeza.
7. Abraza a los niños después de haberlos castigado.
8. Mira a los demás a los ojos.
9. Di «gracias» muchas veces.
10. Di «por favor» muchas veces.
11. Aprende a tocar un instrumento musical.
12. Canta en la ducha.
13. Utiliza la cubertería de plata.
14. Compra libros maravillosos, aunque nunca los leas.

15. Aprende a preparar un chile con carne estupendo.
16. Planta flores cada primavera.
17. Ten un buen equipo de sonido.
18. Sé el primero en decir «hola».
19. Vive por debajo de tus posibilidades.
20. Conduce coches baratos, pero ten la mejor casa que puedas permitirte.
21. Sé indulgente contigo mismo y con los demás.
22. Aprende tres chistes sin obscenidades.
23. Viste zapatos relucientes.
24. Utiliza hilo dental.
25. Bebe champán sin que haya una razón.
26. Pide un aumento cuando creas que te lo has ganado.
27. Si te peleas, golpea primero y golpea con fuerza.
28. Devuelve todas las cosas que hayas pedido prestadas.
29. Imparte algún tipo de enseñanza.
30. Sé alumno de algún tipo de enseñanza.
31. Nunca compres una casa sin chimenea.
32. Compra cualquier cosa que los críos estén vendiendo en una mesa en su jardín.
33. Ten un descapotable por lo menos una vez en la vida.

34. Planta un árbol en tu cumpleaños.

35. Dona un litro de sangre cada año.

36. Trata a los demás como tú quieras que te traten.

37. Aprende a distinguir la música de Chopin, Mozart y Beethoven.

38. Haz nuevos amigos, pero quiere a los antiguos.

39. Guarda los secretos.

40. Toma montones de instantáneas.

41. Jamás rechaces los bizcochos de chocolate caseros.

42. No pospongas el placer.

43. Escribe notas para dar las gracias sin demora.

44. Muestra respeto hacia los profesores.

45. Muestra respeto hacia los policías y los bomberos.

46. Muestra respeto hacia los militares.

47. No pierdas el tiempo aprendiendo los «trucos del oficio». En vez de eso, aprende el oficio.

48. Jamás pierdas la fe en alguien. Los milagros suceden cada día.

49. No pierdas los estribos.

50. Compra hortalizas procedentes de hortelanos que anuncien sus productos con caligrafía escrita a mano.

51. Vuelve a poner el tapón en el tubo de la pasta de dientes.
52. Saca la basura sin que te lo digan.
53. Evita una exposición excesiva al sol.
54. Vota.
55. Sorprende a tus seres queridos con pequeños regalos inesperados.
56. Deja de culpar a los demás. Responsabilízate de cada parcela de tu vida.
57. Jamás digas que estás a dieta.
58. Saca el mejor partido de las situaciones adversas.
59. Vive de tal manera que al pensar tus hijos en la ecuanimidad, la afectuosidad y la integridad piensen en ti.
60. Colabora con una banda musical de instituto.
61. Reconoce tus errores.
62. Pide a alguien que recoja tu correo y el periódico cuando estés ausente de la ciudad. Son las dos primeras cosas en las que se fijan los posibles ladrones.
63. Utiliza tu ingenio para divertir, no para maltratar.
64. Recuerda que todas las noticias son tendenciosas.
65. Haz un curso de fotografía.

66. Sé valiente. Aunque no lo seas, haz que lo parezca. Nadie puede notar la diferencia.

67. Deja a los demás ponerse delante de ti cuando estés parado en el tráfico.

68. Acepta siempre una mano extendida.

69. Exige excelencia y muéstrate dispuesto a pagar por ella.

70. Silba.

71. Da a organizaciones de beneficencia todas las prendas de vestir que no te hayas puesto en los últimos tres años.

72. Aprende a hacer algo bonito con las manos.

73. Jamás olvides tu cumpleaños.

74. Come pasas.

75. Monta en bicicleta.

76. Escoge una organización benéfica de tu comunidad y apóyala generosamente con tu tiempo y tu dinero.

77. No des por segura una buena salud.

78. Cuando quieran contratarte, aun si se trata de un empleo que te interese poco, dialoga. Jamás cierres la puerta a una oportunidad antes de haber tenido ocasión de oír la oferta en persona.

79. No te metas en drogas y no te juntes con quienes lo hagan.

80. Baila despacio.

81. Aléjate de los restaurantes con músicos ambulantes.

82. Evita los comentarios sarcásticos.

83. No envidies lo que tienen otros.

84. Cuando quieras enseñar una lección, cuenta una historia.

85. Aunque tengas la vida económicamente resuelta, haz lo posible para que tus hijos ganen algo de dinero y paguen el seguro de su automóvil.

86. Aunque tengas la vida económicamente resuelta, procura que tus hijos ganen algo de dinero y paguen parte de la matrícula de la universidad.

87. En los negocios y en las relaciones familiares, recuerda que lo más importante es la confianza.

88. No fumes.

89. Vuelve a llenar las cubiteras.

90. No dejes que nadie te vea entonado.

91. Conviértete en un entendido en antigüedades, alfombras orientales y arte contemporáneo.

92. Recicla los periódicos viejos, las botellas y las latas.

93. Nunca inviertas más en bolsa de lo que puedas permitirte perder.

94. Acostúmbrate a hacer buenas acciones en beneficio de personas que nunca lo sabrán.

95. Asiste a las reuniones de antiguos alumnos.

96. Ten en todo momento algo bonito a la vista, aunque solo sea una margarita en un vaso.

97. Piensa a lo grande, pero disfruta de los pequeños placeres.

98. Presta únicamente aquellos libros que no te importe no volver a ver.

99. Jamás empieces un negocio con alguien que tenga más dificultades que tú.

100. Lee la Declaración de Derechos [de 1776].

101. Aprende cómo leer un informe financiero.

102. Diles a menudo a tus hijos lo estupendos que son y que confías en ellos.

103. Nunca hagas trampas.

104. Utiliza las tarjetas de créditos solo por comodidad, nunca por el crédito.

105. Regálate un masaje en tu cumpleaños.

106. Haz cada día una caminata de treinta minutos a paso ligero.

107. Cuando cenes con clientes o socios, jamás pidas más de un cóctel o un vaso de vino. Si nadie más lo hace, no bebas nada.

108. Sonríe mucho. No cuesta nada y no tiene precio.

109. Aprende a conducir con una caja de cambios manual.

110. Unta mantequilla de cacahuete crujiente en galletas Pepperidge Farm Gingerman como bocado nocturno perfecto.

111. Nunca te expreses de forma grosera.

112. Jamás discutas con agentes de policía, y dirígete a ellos como «agente».

113. Aprende a identificar las flores silvestres, los pájaros y los árboles de la zona.

114. Ten un extintor en tu cocina y en el coche.

115. Respeta la intimidad de tus hijos. Llama a la puerta antes de entrar en su habitación.

116. Instala cerraduras con pestillo en las puertas exteriores.

117. No compres vino, maletas ni relojes de pulsera caros.

118. Piensa en redactar un testamento vital.

119. Pon muchos pequeños malvaviscos en tu chocolate caliente.

120. Aprende a realizar la reanimación cardiopulmonar.

121. Resiste la tentación de comprar una pequeña embarcación.

122. Detente y lee las señales con indicaciones históricas situadas junto a la carretera.

123. Date un año de plazo y lee la Biblia de cabo a rabo.

124. Aprende a escuchar. La oportunidad a veces nos llama casi imperceptiblemente.

125. Aprende a cambiar una rueda.

126. Aprende a anudar una corbata de lazo.

127. Viste ropa interior atrevida bajo el traje más formal.

128. Acuérdate de los nombres de la gente.

129. Preséntate al director de tu oficina bancaria. Es importante que él o ella te conozca personalmente.

130. Apréndete las capitales de los estados.

131. Visita Washington D. C. y haz un poco el turista.

132. Baja la tapa del inodoro.

133. Cuando alguien esté contando un episodio importante que le haya sucedido, no intentes ponerte por encima de él con una historia tuya. Déjale ser la estrella.

134. Hazte enderezar los dientes torcidos.

135. Hazte blanquear los dientes sin brillo.

136. Mantén tu reloj adelantado cinco minutos.

137. Aprende español.* En pocos años, más del treinta y cinco por ciento de todos los estadounidenses lo hablarán como primera lengua.

138. Al emprender algo no te preocupes por no tener dinero suficiente. Unos fondos limitados son una bendición, no una maldición. Nada estimula tanto el pensamiento creativo.

139. Paga tus facturas puntualmente.

140. Jamás le quites a nadie la esperanza; podría ser lo único que le queda.

141. No compres herramientas baratas. Las herramientas Craftsman de Sears son de las mejores.

142. Deja que transcurra una hora para calmarte antes de contestar a alguien que te haya provocado. Si afecta a algo realmente importante, espérate al día siguiente.

143. Hazte miembro de una liga de sófbol de lanzamiento lento.

144. Guarda una linterna y pilas extra debajo de la cama y en la guantera del coche.

145. Ve con alguien a jugar a los bolos.

146. Cuando juegues con niños, déjalos ganar.

*. Aunque este y algunos otros consejos se dirigen específicamente a un lector estadounidense, reproducimos íntegramente y sin modificaciones sustanciales la edición original. (*N. del e.*)

147. Apaga el televisor a la hora de comer.

148. Aprende a manejar una pistola y un fusil de forma segura.

149. Sáltate una comida a la semana y da lo que te hubieses gastado a una persona que esté viviendo en la calle.

150. Canta en un coro.

151. Relaciónate con un buen abogado, un contable y un fontanero.

152. Haz ondear la bandera de los Estados Unidos cada 4 de julio.

153. Ponte firme y llévate la mano al corazón cuando cantes el himno nacional.

154. Resiste la tentación de poner un mensaje gracioso en tu contestador.

155. Haz testamento y dile a tu allegado más cercano dónde lo guardas.

156. Hazte revisiones médicas y dentales con regularidad.

157. Tómate un tiempo para oler las rosas.

158. Sé duro pero bondadoso.

159. No pidas cosas, sino sabiduría y valor.

160. Utiliza los cinturones de seguridad.

161. Esfuérzate por lograr la excelencia, no la perfección.

162. Mantén tu escritorio y tu zona de trabajo limpios.

163. Haz un viaje nocturno en tren y duerme en un coche-cama.

164. Evita a las personas negativas.

165. No caigas en la tentación de decirles a los demás cómo habría que hacer algo. Por el contrario, diles lo que es necesario hacer. A menudo te sorprenderán con soluciones ingeniosas.

166. No pierdas el tiempo respondiendo a los que te critiquen.

167. No escatimes para dejar dinero a tus hijos.

168. Sé original.

169. Sé pulcro.

170. Jamás renuncies a aquello que desees hacer realmente. Una persona con grandes sueños es más poderosa que otra que posea todos los datos.

171. Sé puntual e insiste sobre ello a los demás.

172. Desconfía de todos los políticos.

173. Anima a tus hijos a tener un empleo a tiempo parcial a partir de los dieciséis años.

174. Nunca hagas algo dominado por la ira.

175. Lee atentamente todo cuanto requiera tu firma. Recuerda que la letra grande te da y la letra pequeña te quita.

176. Sé amable más allá de lo exigible.

177. Da a las personas una segunda oportunidad, pero no una tercera.

178. Cuando te sientas orgulloso de tus hijos, díselo.

179. Sé el mejor amigo de tu esposa.

180. Planta cara al prejuicio y la discriminación allí donde te los encuentres.

181. Desgástate, no te oxides.

182. Sé romántico.

183. Haz saber a los demás qué defiendes y qué no estás dispuesto a tolerar.

184. No olvides que la principal necesidad emocional de una persona es sentirse apreciada.

185. Nunca critiques a la persona que te paga tu salario. Si estás a disgusto con tu empleo, busca otro.

186. Ten una curiosidad insaciable. Pregunta «por qué» muchas veces.

187. Aprende a arreglar un grifo que gotea y un váter.

188. Conviértete en la persona más positiva y entusiasta que conoces.

189. Mide a las personas por el tamaño de su corazón, no por el de sus cuentas corrientes.

190. Ten una buena actitud. Entra en una sala con decisión y confianza.

191. Respeta los límites de velocidad.

192. Bebe leche baja en grasa.

193. Consume menos sal.

194. Come menos carnes rojas.

195. No te preocupes por no poder darles a tus hijos lo mejor de cada cosa. Dales lo mejor de ti.

196. Evalúa la calidad de un vecindario por los modales de quienes viven en él.

197. No dejes un empleo antes de haberte asegurado otro.

198. Aparca en la parte posterior en los aparcamientos de los centros comerciales. Caminar es un buen ejercicio.

199. Sorprende a un vecino nuevo con uno de tus platos caseros favoritos, e incluye la receta.

200. Pregúntale a tu jefe o jefa quiénes son sus ídolos.

201. No veas programas televisivos violentos y no compres los productos que los patrocinen.

202. No guardes rencor.

203. Muestra respeto por todos los seres vivos.

204. Devuelve con el depósito de combustible lleno los vehículos que te hayan prestado.

205. Escoge un trabajo que armonice con tus valores.

206. Cálmate. Relájate. Salvo en asuntos excepcionales de vida o muerte, nada es tan importante como parece.

207. Ve a por todas.

208. Asiste a las exposiciones artísticas de los institutos, y compra siempre alguna cosa.

209. Da lo mejor de ti a tu empleador. Es una de las mejores inversiones que puedes hacer.

210. Lleva a tu perro a una escuela canina. Ambos aprenderéis mucho.

211. No permitas que el teléfono interrumpa momentos importantes. Está a tu servicio, no al del que llama.

212. No pierdas el tiempo lamentando errores pasados. Aprende de ellos y sigue adelante.

213. Comprométete a mejorar constantemente.

214. Cuando te feliciten, la única respuesta necesaria es un sincero «gracias».

215. No planees una larga velada en una cita a ciegas. Una cita para almorzar es perfecta. Si las cosas no funcionan, ambos habréis perdido solamente una hora.

216. No hables de negocios en ascensores o en los servicios. Nunca sabes quién podría estar oyéndote casualmente.

217. Ten unos modales impecables.

218. Sé un buen perdedor.

219. Sé un buen ganador.

220. Nunca vayas a una tienda de comestibles con hambre. Comprarás de más.

221. Gasta menos tiempo dándole vueltas a quién tiene razón y más tiempo decidiendo qué es lo correcto.

222. Elogia públicamente.

223. Critica en privado.

224. No centres tus esfuerzos en cosas menores.

225. Piénsatelo dos veces antes de endosarle un secreto a un amigo.

226. Jamás le digas a alguien que parece agotado o deprimido.

227. Cuando alguien te dé un abrazo, déjale que sea el primero en soltarse.

228. Evita dar consejos en lo tocante al matrimonio, las finanzas o los estilos de peinado.

229. Nunca pagues por el trabajo antes de que haya finalizado.

230. Conserva las buenas compañías.

231. Lleva un diario.

232. Mantén tus promesas.

233. Enseña a tus hijos el valor del dinero y la importancia del ahorro.

234. No temas perder una batalla para ganar la guerra.

235. No te dejes engañar por las primeras impresiones.

236. Evita toda iglesia que tenga cojines en los bancos y esté proyectando construir un gimnasio.

237. Busca lo bueno en la gente.

238. No fomentes un servicio irrespetuoso o desatento dejando propina como dicta la costumbre.

239. Ve la película *¡Qué bello es vivir!* cada Navidad.

240. Respeta la tradición.

241. Jamás cortes lo que puede ser desatado.

242. Bebe ocho vasos de agua cada día.

243. Sé prudente a la hora de prestarle dinero a un amigo. Podrías quedarte sin ambos.

244. Nunca pierdas la oportunidad de decirles a los buenos empleados cuánto significan para la empresa.

245. Saluda con la mano a los niños en los autobuses escolares.

246. Sé modesto. Antes de que tú nacieras se habían logrado muchas cosas.

247. Compra un comedero de pájaros y cuélgalo para poder verlo desde la ventana de la cocina.

248. Haz un vídeo con los recuerdos de tus padres de cómo se conocieron y sus primeros años de matrimonio.

249. Muestra respeto por el tiempo de los demás. Llama siempre que vayas a llegar a una cita con más de cinco minutos de retraso.

250. Contrata a personas más inteligentes que tú.

251. Aprende a mostrar alegría, incluso cuando no la sientas.

252. Aprende a mostrar entusiasmo, incluso cuando no lo sientas.

253. Cuida de tus seres queridos.

254. No compliques las cosas.

255. Nunca pidas consejo sobre un negocio a un abogado o a un contable. Son expertos en encontrar problemas, no soluciones.

256. Reposta en la gasolinera del vecindario, aunque sea más cara. El próximo invierno, cuando la temperatura sea de 14 grados bajo cero y tu coche no arranque, agradecerás que te conozcan.

257. No cruces en rojo.

258. Cuando conozcas a alguien, evita preguntarle cómo se gana la vida. Disfruta de su compañía sin ponerle etiquetas.

259. Evita como la peste toda demanda judicial.

260. Llévate a la familia de vacaciones tanto si puedes permitírtelo como si no. Los recuerdos serán de un valor incalculable.

261. Abstente de chismorrear.

262. No hables de salarios.

263. No atosigues a nadie.

264. No hagas apuestas.

265. Ten cuidado con aquel que no tiene nada que perder.

266. Muestra cada día a tu familia cuánto la quieres con las palabras, el tacto y prestándole toda tu atención.

267. Túmbate boca arriba y mira las estrellas.

268. No dejes las llaves del coche puestas con el motor en marcha.

269. No te quejes.

270. Llega temprano al trabajo y quédate después de la hora de salida.

271. Déjalo todo un poco mejor de como lo encontraste.

272. Cuando tengas que realizar una tarea difícil, actúa como si fuera imposible fracasar. Si vas a la caza de Moby Dick, rodéate de los aparejos necesarios.

273. Cambia los filtros del aire acondicionado cada tres meses.

274. Recorta los artículos de prensa que sean elogiosos con personas a las que conoces y envíaselos con notas de felicitación.

275. Nunca te apalanques abusando de la hospitalidad.

276. Recuerda que un éxito de la noche a la mañana suele requerir unos quince años.

277. Llena el depósito de combustible cuando quede menos de un cuarto.

278. No esperes que el dinero te procure la felicidad.

279. Nunca chasquees los dedos para captar la atención de alguien. Es una grosería.

280. No importa cuán desesperada sea la situación, mantén la serenidad.

281. Cuando pagues en efectivo, pide un descuento.

282. Busca un buen sastre.

283. No utilices un mondadientes en público.

284. Jamás subestimes tu capacidad para cambiarte a ti mismo.

285. Jamás sobrestimes tu capacidad para cambiar a los demás.

286. Promete la excelencia. Cumple con excelencia.

287. Practica la empatía. Trata de ver las cosas desde el punto de vista de los demás.

288. Contrólate a ti mismo para ahorrar dinero. Es fundamental para el éxito.

289. Ponte y consérvate en forma.

290. Encuentra un modo de demostrar tu hombría que no pase por disparar a animales y pájaros indefensos.

291. Recuerda que el trato no está cerrado hasta que no ha sido abonado en cuenta.

292. No abarques demasiadas cosas. Aprende a decir no amable y rápidamente.

293. Mantén los costes generales bajos.

294. Mantén las expectativas elevadas.

295. Acepta el sufrimiento y la decepción como parte de la vida.

296. Recuerda que para que un matrimonio funcione se han de dar dos cosas: 1) encontrar a la persona adecuada y 2) ser la persona adecuada.

297. No destruyas puentes. Te sorprenderás de las veces que tienes que cruzar el mismo río.

298. Contempla los problemas como oportunidades para el crecimiento y el autodominio.

299. No creas a las personas cuando te pidan que seas sincero con ellas.

300. No esperes de la vida que sea justa.

301. Recuerda que bastante es mejor que demasiado.

302. Cierra con llave tu coche aunque esté aparcado en la entrada de tu casa.

303. Nunca te vayas a la cama con platos sucios en el fregadero.

304. Aprende a manejar una sierra de mano y un martillo.

305. Elogia la comida cuando seas invitado en casa ajena.

306. Haz la cama cuando pernoctes en casa ajena.

307. Mide tu éxito por la paz, la salud y el amor que estés disfrutando.

308. Haz una siesta los domingos por la tarde.

309. Entrega el cinco por ciento de tus ingresos a organizaciones benéficas.

310. Cuando sientas la tentación de criticar a tus padres, a tu pareja o a tus hijos, muérdete la lengua.

311. Jamás subestimes el poder del amor.

312. Jamás subestimes el poder del perdón.

313. No dejes un cerco en la bañera.

314. Nunca compres sábanas o toallas de colores oscuros.

315. No aburras a los demás con tus problemas. Cuando alguien te pregunte cómo te sientes, contesta: «Estupendamente, jamás me he encontrado mejor». Cuando te pregunten: «¿Qué tal el negocio?», responde: «De maravilla y cada día mejor».

316. Aprende a mostrarte en desacuerdo sin ser antipático.

317. Ten tacto. Nunca te ganes la enemistad de alguien a propósito.

318. Escucha a las dos partes antes de juzgar.

319. Refrena la envidia. Es fuente de una gran infelicidad.

320. Sé educado con todos.

321. Saluda con la mano a las madres que hacen de guardias en los pasos de peatones.

322. Cuando no haya tiempo para hacer una sesión completa de gimnasia, haz flexiones de brazos.

323. Reaviva las viejas amistades.

324. No aplaces la puesta en práctica de una buena idea. Lo más probable es que alguien más también haya pensado en ello. El éxito es para aquel que actúe primero.

325. No digas que no tienes tiempo suficiente. Dispones exactamente del mismo número de horas cada día que Helen Keller, Pasteur, Miguel Ángel, la madre Teresa, Leonardo da Vinci, Thomas Jefferson y Albert Einstein.

326. Recuerda que los ganadores hacen aquello que los perdedores no quieren hacer.

327. Busca oportunidades, no seguridad. Un barco en un puerto es seguro, pero con el tiempo la parte inferior se pudre.

328. En vez de utilizar las palabras *si hubiese*, trata de poner en su lugar las palabras *la próxima vez.*

329. En lugar de utilizar la palabra *problema*, trata de sustituirla por la palabra *oportunidad.*

330. De cuando en cuando tienta la suerte.

331. Vive tu vida como una exclamación, no como una explicación.

332. Cuando viajes guarda una tarjeta en la cartera con tu nombre, el teléfono de casa y el teléfono de un amigo o allegado próximo, información médica importante, así como el número de teléfono del establecimiento donde estés alojado.

333. Cuando llegues a tu trabajo por la mañana, que la primera cosa que digas alegre el día de todos.

334. Cuando alquiles un coche para un par de días, derrocha y elige el que algún día te gustaría tener.

335. Sé cauteloso con los que te digan lo honrados que son.

336. Instala detectores de humo en tu hogar.

337. Adquiere tu próxima mascota en la protectora de animales.

338. Vive tu vida de forma que en tu epitafio pueda leerse: «Sin remordimientos».

339. Nunca eludas una discusión con tu mujer.

340. Vuelve a leer tu libro favorito.

341. No te dejes embaucar. Si algo suena demasiado bonito para ser verdad, probablemente sea así.

342. En lo relativo a muebles y ropa: si crees que los usarás durante cinco años o más, compra lo mejor que puedas permitirte.

343. Sé audaz y valiente. Cuando mires hacia atrás en tu vida, lamentarás más las cosas que no hiciste que aquellas que sí hiciste.

344. Frecuenta los *drugstores* donde se sirvan refrescos y refrigerios.

345. Prueba todo lo que te ofrezcan los demostradores de alimentos en los supermercados.

346. Ten un buen diccionario.

347. Ten un buen diccionario de sinónimos.

348. Revisa tus viejas fotografías. Elige diez y pégalas en los armarios de la cocina. Cámbialas cada treinta días.

349. Recuerda las tres cosas más importantes a la hora de comprar un hogar: ubicación, ubicación y ubicación.

350. Guarda los documentos de valor en una caja de seguridad de un banco.

351. Solo por pasarlo bien, asiste a la celebración del cuatro de julio en una población pequeña.

352. Para explicar una ruptura amorosa di sencillamente: «Todo fue culpa mía».

353. Ofrece tu apoyo cuando los demás te necesiten.

354. Jamás desperdicies la oportunidad de decirle a alguien que le quieres.

355. Evalúate según tus propias reglas, no las de otra persona.

356. Haz saber a tus representantes en Washington cómo te sientes. Telefonea al (202) 225-3121 para el Congreso y al (202) 224-3121 para el Senado. Una operadora te conectará con la oficina adecuada.

357. **Toma decisiones aunque ello signifique que a veces cometas errores.**

358. Asume que en ocasiones perderás.

359. No permitas que nadie te disuada de perseguir lo que sabes que es una gran idea.

360. Nunca te comas la última galleta.

361. Piensa cada día en alguna pequeña mejora para tu matrimonio.

362. Piensa cada día en alguna pequeña mejora en tu forma de trabajar.

363. No aprietes el botón de los urinarios con la mano; utiliza el codo.

364. Adquiere cosas a la vieja usanza: ahorra para comprarlas y paga en efectivo.

365. Sé consciente de cuándo hay que callar.

366. Sé consciente de cuándo hay que pronunciarse.

367. Recuerda que nadie lo hace por sí solo. Sé agradecido y rápido para dar las gracias a quienes te ayuden.

368. Si te interesa la guerra civil norteamericana, lee *Shrouds of Glory*, de Winston Groom (Pocket Books, 1996).

369. Haz negocios con quienes los hagan contigo.

370. Solo para ver cómo te sientes, durante las próximas veinticuatro horas abstente de criticar a alguien o algo.

371. Ofrece a tus clientes tu lado más entusiasta.

372. Esfuérzate para que tus hijos tengan una buena imagen de sí mismos. Es lo más importante que puedes hacer para asegurar su éxito.

373. Responsabilízate de tu actitud. No dejes que otro la elija por ti.

374. Deja que tus hijos te oigan decir como por casualidad cosas elogiosas sobre ellos a otros adultos.

375. Reserva una noche a la semana solamente para tu esposa y tú.

376. Lleva pinzas para la batería en el coche.

377. Obtén todos los presupuestos de reparación por escrito.

378. Olvídate de comités. Las ideas nuevas, nobles, las que cambian el mundo, son siempre fruto del trabajo de una sola persona.

379. Presta atención a los detalles.

380. Sé una persona emprendedora.

381. Sé leal.

382. Entiende que la felicidad no se asienta en posesiones, poder o prestigio, sino en relaciones con personas a las que quieres y respetas.

383. Cuando no sepas de qué color pintar la habitación, escoge blanco envejecido.

384. Nunca le des a alguien a quien quieras un regalo que sugiera que ha de mejorar.

385. Felicita a alguien incluso por progresos muy modestos.

386. Cierra el grifo mientras te estés cepillando los dientes.

387. Viste zapatos, cinturones y corbatas caros, pero cómpralos en rebajas.

388. Comienza las reuniones puntualmente sin que importe quién está ausente.

389. Lleva sellos en tu cartera. Nunca sabes cuándo descubrirás la postal perfecta para una amistad o la persona a quien amas.

390. Los músicos callejeros son un tesoro. Detente un momento y escucha; luego deja un pequeño donativo.

391. Ni se te ocurra mirar la elaboración de los perritos calientes o las salchichas.

392. Cuando te enfrentes a un problema grave de salud, obtén al menos tres opiniones médicas.

393. Apoya una remuneración igual por un trabajo igual.

394. Paga lo que justamente te corresponda.

395. Sé abierto, flexible y curioso.

396. Jamás le des a alguien un pastel de frutas.

397. Nunca adquieras un solo gatito. Dos son mucho más divertidos y no dan más problemas.

398. Si vas a convertirte en un tipo raro, ten confianza en ello.

399. No entres en bares de copas.

400. Comienza cada día con tu música favorita.

401. Visita el juzgado de guardia de tu ciudad un sábado por la noche.

402. Cuando asistas a un acto, siéntate delante.

403. No te dejes intimidar por el personal médico y el de enfermería. Incluso estando en un hospital sigue siendo tu cuerpo.

404. Céntrate en hacer las cosas mejor, no más grandes.

405. Lee con atención las facturas de los hospitales. Es sabido que el ochenta y nueve por ciento contienen errores a favor del hospital.

406. De vez en cuando toma la ruta pintoresca.

407. No dejes que tus posesiones se adueñen de ti.

408. Declara la guerra contra los desperdicios tirados en cualquier parte.

409. **No alardees de los éxitos, pero tampoco pidas perdón por ellos.**

410. Envía muchas tarjetas de San Valentín. Firma: «Alguien que piensa que eres genial».

411. Corta la leña que necesites.

412. Cuando surja una discrepancia entre tu mujer y tú, pide perdón sin que importe quién está equivocado. Di: «Siento haberte enfadado. ¿Podrías perdonarme?». Son palabras reconciliadoras, mágicas.

413. Entusiásmate con el éxito de los demás.

414. Si te han dispensado un servicio, comida o productos de menor calidad de lo esperado, ponlo en conocimiento de la persona responsable. Los buenos gerentes apreciarán saberlo.

415. No procrastines. Haz lo que haya que hacer cuando haya que hacerlo.

416. Lee a tus hijos.

417. Cántales a tus hijos.

418. Escucha a tus hijos.

419. Aclara tus prioridades. Nadie dijo nunca en su lecho de muerte: «Vaya, si me hubiera pasado más tiempo en la oficina».

420. Enciende los faros cuando empiece a llover.

421. No te abandones a la autocompasión. Cuando te sobrevenga esta emoción, haz algo bonito por alguien menos afortunado que tú.

Con mucho gusto le remitiremos información periódica y detallada sobre nuestras publicaciones. Por favor, rellene esta tarjeta (si es posible en MAYÚSCULAS) e indique los temas de su interés. Las 100 primeras personas que cada mes nos remitan esta tarjeta recibirán un libro de regalo a elección de la editorial. (*Condiciones aplicables solamente al territorio español.*)

- ☐ Autoayuda y desarrollo personal
- ☐ Emprendimiento y empresa
- ☐ Salud
- ☐ Deporte
- ☐ Educación
- ☐ Narrativa contemporánea
- ☐ Narrativa histórica
- ☐ Narrativa policíaca
- ☐ Narrativa juvenil
- ☐ Chindia (una puerta a Oriente)
- ☐ Biografías / Testimonios
- ☐ Historia
- ☐ Cocina
- ☐ Libros ilustrados
- ☐ Clásicos del siglo XIX y XX
- ☐ Patio (libros infantiles)
- ☐ Ciencia
- ☐ Libros que levantan el ánimo (*Feel Good Books*)
- ☐ Newsletter (4 al año)
- ☐ Catálogo

SUGERENCIAS . . . .

. . . .

¿EN QUÉ LIBRO ENCONTRÓ ESTA TARJETA? . . . .

APELLIDOS . . . . NOMBRE . . . .

PROFESIÓN . . . . FECHA DE NACIMIENTO . . . .

DIRECCIÓN . . . .

POBLACIÓN . . . . C.P. . . . .

PROVINCIA . . . . TELÉFONO . . . .

CORREO ELECTRÓNICO . . . .

422. No aceptes «suficientemente bueno» como suficientemente bueno.

423. Cuida tu reputación. Es tu activo más valioso.

424. No conduzcas muy pegado al de delante.

425. Firma y lleva tu tarjeta de donante de órganos.

426. Comparte los méritos.

427. Haz más de lo esperado.

428. Visita una feria municipal y echa un vistazo a las exposiciones del Club juvenil 4-H. Renovará tu fe en la generación más joven.

429. Elige a un médico de tu edad para que podáis envejecer a la par.

430. Ten un amigo que tenga un camión.

431. Cuando te inviten, no dejes que nadie te vea volver más de dos veces en busca de las gambas peladas.

432. Mejora tu rendimiento mejorando tu actitud.

433. Cuando vayas al cine, compra pastillas de menta y chocolate y espárcelas en la bolsa de palomitas.

434. Ten algún conocimiento de tres religiones distintas a la tuya.

435. Haz una lista de diez cosas que quieras vivir antes de morir. Llévala en tu cartera y refiérete a ella a menudo.

436. Contesta al teléfono con entusiasmo y energía en tu voz.

437. Todas las personas que conoces saben alguna cosa que tú desconoces; aprende de ellas.

438. Nunca pongas un plato de golosinas junto al teléfono.

439. Graba la risa de tus padres.

440. Cuando te encuentres con alguien a quien no conozcas bien, tiéndele la mano y dile tu nombre. Nunca des por sentado que se acuerdan de ti aunque te hayan visto antes.

441. Haz las cosas bien la primera vez.

442. Ríete mucho. Un buen sentido del humor cura casi todos los males de la vida.

443. Jamás comprometas tu honradez.

444. Nunca subestimes el poder de una palabra amable o de una buena acción.

445. No le des una propina demasiado baja al camarero solo porque la comida sea mala; él no la ha cocinado.

446. Cambia el aceite y el filtro del coche cada cinco mil kilómetros.

447. Realiza simulacros de incendio en casa. Asegúrate de que todos saben qué hacer en caso de que se prenda fuego en la casa.

448. Sé receptivo a las ideas nuevas.

449. No temas decir: «No lo sé».

450. No temas decir: «Me he equivocado».

451. No temas decir: «Necesito ayuda».

452. No temas decir: «Lo siento».

453. Sé organizado. Si no sabes por dónde empezar, lee *Getting Organized*, de Stephanie Winston (Warner Books, 2006).

454. Ten una libreta de notas y un lápiz en la mesita de noche. En ocasiones las ideas de un millón de dólares nos asaltan a las tres de la mañana.

455. Muestra respeto hacia todo aquel que trabaja para ganarse la vida, sin importar cuán trivial sea su trabajo.

456. Cuando encuentres un empleo ideal, acéptalo sin importar la remuneración. Si reúnes las condiciones que exige, el salario no tardará en reflejar tu valía para la empresa.

457. Lee el *New York Times* los domingos para estar informado.

458. Envía a tu pareja flores. Piensa en un motivo más tarde.

459. Asiste a las competiciones deportivas, las representaciones teatrales y los recitales de tus hijos.

460. Busca oportunidades para hacer que los demás se sientan importantes.

461. No te pierdas la magia del momento por centrarte en lo que vendrá después.

462. No utilices a la ligera el tiempo o las palabras. No hay forma de recuperarlos.

463. Cuando un niño se caiga y se lastime una rodilla o un codo, atiéndelo siempre; luego hazle mimos pacientemente.

464. Cuando hables con la prensa recuerda que siempre tiene la última palabra.

465. Fija objetivos a corto y a largo plazo.

466. Cuando planees un viaje al extranjero, lee acerca de los lugares que visitarás antes de ir o, todavía mejor, mira un reportaje sobre el lugar.

467. No lleves la lluvia a las procesiones de los demás.

468. Ponte de pie para saludar a alguien que visite tu oficina.

469. No interrumpas.

470. Disfruta del verdadero sirope de arce.

471. No te precipites a la hora de tomar una decisión importante. La gente entenderá que digas: «Me gustaría pensarlo un poco más. ¿Puedo ponerme en contacto con usted mañana?».

472. Antes de salir para tomar un vuelo llama en primer lugar a la compañía aérea para asegurarte de que no hay retrasos.

473. Estate preparado. Nunca dispones de una segunda oportunidad para dar una buena primera impresión.

474. No esperes de los demás que escuchen tu consejo e ignoren tu ejemplo.

475. Acostúmbrate a poner tu billetera y las llaves del coche en el mismo lugar al entrar en casa.

476. Llega hasta el final. Cuando aceptes una tarea, finalízala.

477. Da las gracias antes de cada comida.

478. No insistas en seguir la vida de otro.

479. Responde enseguida a las invitaciones en las que se ruega confirmación. Si hay un número de teléfono, llama; si no es así, escribe una nota.

480. Jamás reconozcas en el trabajo que estás cansado, enfadado o aburrido.

481. Aprende un truco de cartas.

482. Mantente alejado de los restaurantes giratorios.

483. Concede a la gente el beneficio de la duda.

484. Decide levantarte treinta minutos antes. Hazlo durante un año y añadirás siete días y medio a tu mundo de vigilia.

485. Sé un cliente habitual de los comerciantes locales, aun si resulta un poco más caro.

486. Presta atención a los grandes problemas. Ocultan grandes oportunidades.

487. Lleva a un niño al zoo.

488. Alégrale el día a alguien pagando el peaje del coche que te sigue.

489. No cometas el mismo error dos veces.

490. No conduzcas con neumáticos gastados.

491. Ahorra el diez por ciento de lo que ingreses.

492. No te conformes con un mal resultado. Intenta dar la vuelta al marcador.

493. Guarda una llave oculta en algún lugar de tu coche por si olvidas las llaves.

494. Jamás hables de dinero con quienes tengan mucho más o mucho menos que tú.

495. Nunca compres un coche de color beis.

496. Nunca compres algo que no necesites simplemente porque esté rebajado.

497. Mantén varias posibilidades de empleo al mismo tiempo.

498. **No creas que un precio mayor siempre significa una calidad mayor.**

499. Quiere a tus hijos por lo que son, no por lo que te gustaría que fuesen.

500. Cuando negocies tu salario, piensa en lo que quieres; luego pide un diez por ciento más.

501. Sé un líder: recuerda que el perro de trineo que va en cabeza es el único con una buena visión.

502. Cuestiona tus metas preguntándote: «¿Me ayudará esto a ser mejor?».

503. No dejes pasar las ocasiones para felicitar y mostrar agradecimiento.

504. Comprométete con la calidad.

505. Tu mente solo puede tener un pensamiento cada vez. Haz que este sea positivo y constructivo.

506. Después de haber trabajado duramente para lograr lo que quieres, tómate el tiempo de disfrutarlo.

507. Nunca subestimes el poder de las palabras para restablecer y reconciliar relaciones.

508. Conviértete en el héroe de alguien.

509. Cásate únicamente por amor.

510. Agradece todo lo bueno que hay en tu vida.

511. Llama a tu madre.

Volumen II

512. Cree en el amor a primera vista.

513. Nunca te rías de los sueños de nadie.

514. Paga de más a las buenas canguros.

515. Nunca te niegues a hacer de jurado. Es una obligación cívica, además de que aprenderás mucho.

516. Acepta una pastilla de menta si alguien te ofrece una.

517. Cuando te sientas a las mil maravillas, que se te note en la cara.

518. Ama profunda y apasionadamente. Puede que te lastimen, pero es la única manera de vivir la vida plenamente.

519. Nunca te disculpes por llegar antes de tiempo a una cita.

520. Ábrele la puerta del coche a tu mujer y ayúdala siempre a ponerse el abrigo.

521. Castiga con mano suave.

522. Busca formas de complacer a tu jefe.

523. Cuando vuelvan a convocarte tras una pausa en una conferencia, elige una silla en un lugar distinto de la sala.

524. Amontona una gran pila de hojas cada otoño y salta en ella con alguien a quien quieras.

525. Haz de voluntario. En ocasiones, el trabajo que nadie quiere oculta grandes oportunidades.

526. Inventa una pequeña señal que solo conozca tu mujer para que puedas indicarle en una sala llena de gente que la quieres.

527. Nunca conduzcas con una taza de café caliente entre las rodillas.

528. Lleva toallitas de papel en la guantera del coche.

529. Nunca pierdas la ocasión de subir a una montaña rusa.

530. Nunca pierdas la ocasión de que alguien te haga un masaje en la espalda.

531. Nunca pierdas la ocasión de dormir en un porche protegido.

532. Acepta tu cuota de trabajo duro; es ahí donde se esconden las oportunidades.

533. Haz que te hagan una fotografía profesional. Renuévala cada tres años.

534. Conduce como te gustaría que lo hicieran tus hijos. Nunca corras o conduzcas temerariamente con niños en el coche.

535. Recuerda el consejo de nuestro amigo Ken Beck: cuando veas una tortuga cruzando la carretera, detente y ponla con cuidado en el otro lado.

536. Jamás seas el primero en romper una tradición familiar.

537. Aparca junto a la última acera en las zonas de estacionamiento. Las puertas de tu coche tendrán la mitad de posibilidades de sufrir abolladuras.

538. Lleva un diario de tus logros en el trabajo. Cuando más tarde pidas un aumento, dispondrás de la información necesaria para respaldarlo.

539. Nunca firmes contratos con espacios en blanco.

540. Firma todas las tarjetas de garantía y envíalas sin demora.

541. En las discusiones discrepa educadamente. Sin insultos.

542. Nunca te comas el último pedazo de pollo rebozado.

543. Cuando vayas a pedir dinero prestado, vístete como si anduvieras sobrado de él.

544. Nunca recojas nada del suelo de un taxi.

545. Pregunta por la política de devoluciones de la tienda cuando compres un artículo que cueste más de cincuenta dólares.

546. Recuerda que los niños pueden haber nacido con un buen cerebro, pero es necesario enseñarles a comportarse como es debido.

547. Nunca des tu número de tarjeta de crédito por teléfono si no has hecho tú la llamada.

548. No juzgues a los demás por sus parientes.

549. Pon tu dirección en el interior del equipaje además de hacerlo en el exterior.

550. Recuerda que todas las personas que conoces temen algo, aman algo y han perdido algo.

551. Revisa con todo detalle las facturas de los hoteles, en especial los cargos por llamadas locales y de larga distancia.

552. Cuando alguien te haga una pregunta a la que no quieras responder, sonríe y contesta: «¿Por qué quieres saberlo?».

553. Habla despacio pero piensa deprisa.

554. Aprovecha todas las oportunidades de formación en tu empleo.

555. Cuando viajes, deja la joyería de valor en casa.

556. No admires a las personas por su riqueza, sino por las formas productivas y generosas de utilizarla.

557. Jamás traiciones una confidencia.

558. Nunca dejes la cocina cuando algo esté hirviendo en el fuego.

559. Llévate dos imperdibles grandes cuando viajes para que puedas cerrar y sujetar las cortinas de tu habitación de motel.

560. Di «salud» cuando oigas estornudar a alguien.

561. Nunca le des a alguien un juego de *fondue* u otro objeto pintado de verde aguacate.

562. Recuerda que justo en el momento en que dices: «Me rindo», alguna otra persona que ve la misma situación se estará diciendo: «Vaya, he ahí una gran oportunidad».

563. Nunca cantes victoria antes de tiempo.

564. Haz que el castigo se ajuste al crimen.

565. Haz un recorrido por el edificio principal de la biblioteca pública en la Quinta Avenida la próxima vez que te encuentres en la ciudad de Nueva York. Inolvidable.

566. No dejes a tu familia estar tan ocupada que no podáis compartir al menos una comida cada día.

567. Cuando pierdas, no pierdas la lección.

568. Recuerda las tres R: respeto por uno mismo, respeto por los demás, responsabilidad por todos tus actos.

569. Lleva tu propio despertador cuando vayas de viaje. Las llamadas de despertador de los hoteles son en ocasiones poco fiables.

570. Deja la luz del porche encendida hasta que toda la familia haya llegado a casa por la noche.

571. Lleva un regalito para el anfitrión o la anfitriona cuando te inviten a una cena. Un libro es una buena elección.

572. Planta calabacines solo si tienes un montón de amigos.

573. No ignores los pequeños placeres de la vida aunque vayas en busca de los grandes.

574. Guarda un botiquín de primeros auxilios bien provisto en el coche y en casa.

575. Jamás seas fotografiado con un cóctel en la mano.

576. No permitas que una pequeña disputa hiera a un gran amigo.

577. No te cases con una mujer que picotee su comida.

578. Solicita un catálogo de semillas. Léelo el día de la primera nevada.

579. Llévate una brújula y un kit de supervivencia de bolsillo cuando hagas senderismo por un territorio que desconozcas.

580. Lee un libro sobre apicultura.

581. No te sorprendas al descubrir que la suerte favorece a aquellos que están preparados.

582. Cuando estés perdido o en peligro, haz señales «de tres en tres»: tres gritos, tres disparos o tres golpes de claxon.

583. Cuando te pidan que toques el piano, hazlo sin una queja ni poner excusas.

584. Suscríbete a la revista *Consumer Reports*.

585. Quítate el distintivo de la convención nada más dejar la sala de convenciones.

586. No esperes que tu amor sea suficiente para convertir en ordenada a una persona caótica.

587. Lee cada año los diez libros nominados para el Premio del Libro del Año BookSense.

588. De vez en cuando invita a la persona situada detrás de ti en una cola a ponerse delante.

589. Lleva un pequeño cuchillo de bolsillo.

590. Recuerda que la persona que roba un huevo robará una gallina.

591. Reúnete de cuando en cuando con alguien cuyos puntos de vista sean muy diferentes de los tuyos.

592. No te metas en líos.

593. No hagas tuyos los problemas de otros.

594. Sé el primero en luchar por una causa justa.

595. Evita acercarte a caballos y restaurantes por detrás.

596. Nunca digas nada ofensivo sobre el perro de otra persona.

597. Da a los demás más de lo que esperan y hazlo alegremente.

598. Recuerda que no hay tiempo desperdiciado si sirve para que dos personas sean mejores amigas.

599. Recuerda que ningún tiempo pasado junto a tus hijos ha sido desperdiciado.

600. Hay personas que siempre esgrimirán razones por las que no puedes hacer lo que quieres hacer. Ignóralas.

601. Verifica si el seguro de tu automóvil te cubre cuando alquilas un coche. El seguro ofrecido por las empresas de alquiler de vehículos es caro.

602. Si necesitas incorporar a un socio para hacer negocios, asegúrate de que él o ella trae consigo algún dinero.

603. Si tienes problemas con los productos o servicios de una empresa, dirígete a la dirección. Escribe al presidente, a continuación, haz una llamada telefónica.

604. No te subas a un coche si el conductor ha estado bebiendo.

605. Piénsatelo dos veces antes de aceptar la oferta más baja.

606. Aléjate de cualquier lugar con un cartel de «Se busca lavaplatos» en la ventana.

607. Jamás pierdas ocasión de bailar con tu mujer.

608. Cuando no sepas qué obra de arte colocar en una pared, elige una foto en blanco y negro enmarcada de Ansel Adams.

609. Cuando subas a un autobús, dile «hola» al conductor. Di «gracias» cuando te bajes.

610. Cuando tengas dudas sobre qué ponerte, una chaqueta azul combinada con unos pantalones de lana gris, una camisa blanca y una corbata de seda a rayas rojas y azules casi siempre quedan bien.

611. Escribe una notita detrás de la portada cuando regales un libro.

612. Jamás entregues un regalo que no esté cuidadosamente envuelto.

613. Pon a tus hijos unas normas claras, justas y coherentes.

614. No creas que un equipamiento deportivo costoso suplirá la falta de talento o práctica.

615. Aprende a decir «te quiero» en francés, italiano y sueco.

616. En una noche clara, busca el cinturón de Orión y piensa en tu madre. Es su constelación favorita.

617. Llama al Better Business Bureau si no estás seguro de una reputación empresarial.

618. Memoriza tu poema de amor preferido.

619. Pide a quien te indique una dirección que lo repita al menos dos veces.

620. Cuando estés completamente agotado, pero debas proseguir, lávate la cara y las manos y ponte calcetines limpios y una camisa limpia. Te sentirás mucho mejor.

621. Sé indulgente con las imperfecciones de tus amigos tan fácilmente como lo eres con las tuyas.

622. Sé implacablemente realista en lo relativo a tus finanzas.

623. Sonríe cuando cojas el teléfono. El interlocutor lo notará en tu voz.

624. Fija metas elevadas para tus empleados y ayúdalos a alcanzarlas.

625. Paga tus facturas a tiempo. Si no puedes, escribe a tus acreedores una carta explicando tu situación. Envíales alguna cantidad cada mes, aunque solo sean cinco dólares.

626. Cuando te des cuenta de que has cometido un error, adopta medidas inmediatas para corregirlo.

627. Documéntate y reúne toda la información, pero recuerda que es la pasión la que convence.

628. No pierdas el tiempo intentando apreciar la música que no te gusta. Pasa el tiempo con la música que te gusta.

629. Haz lo correcto sin que importe lo que los demás piensen.

630. Pon siempre algo en el plato de las ofrendas.

631. Cuando cierres un acuerdo de negocios y la otra persona sugiera dejar los detalles para después, di: «Lo entiendo, pero me gustaría dejarlo todo atado ahora mismo». No te muevas de la mesa antes de haberlo logrado.

632. Pregúntate si te sentirías cómodo dándole a tu mejor amigo una llave de tu casa. Si no es así, busca un nuevo mejor amigo.

633. Juzga a las personas por la posición que ocupan, no por la que ocupas tú.

634. Viste chaqueta y corbata en las entrevistas de trabajo, aunque se trate de un empleo para descargar furgones.

635. Compra un coche de segunda mano con la misma cautela que emplearía un hombre desnudo para trepar por una cerca de alambre de púas.

636. La vida te regalará algunas veces un momento mágico. Saboréalo.

637. Deja de lado tus sueños para tus hijos y ayúdalos a alcanzar los suyos.

638. Nunca laves un coche, cortes un jardín o elijas un árbol navideño cuando ya haya anochecido.

639. Aprende cómo hacer pudín de tapioca y turrón de maní en el microondas.

640. Viste un poco mejor que tus clientes pero no como tu jefe.

641. Toma las escaleras cuando haya cuatro pisos o menos.

642. Nunca amenaces si no tienes intención de atenerte a tu palabra.

643. Cuando estreches la mano de una mujer, apriétasela no más fuerte que ella a ti.

644. Mantente abierto y accesible. La próxima persona a la que conozcas podría convertirse en tu mejor amigo.

645. Sé exigente contigo mismo.

646. Compra la botella grande de tabasco.

647. Sé el primero en perdonar.

648. No confundas la comodidad con la felicidad.

649. No confundas la riqueza con el éxito.

650. Cuando hables con tu médico, no dejes que te interrumpa o acabe la visita antes de lo necesario. Se trata de tu cuerpo y de tu dinero. No te vayas antes de que todas tus preguntas hayan sido respondidas a tu entera satisfacción.

651. Comprueba que hay papel higiénico antes de sentarte.

652. Siempre que reclames un cambio o un reembolso, viste chaqueta y corbata.

653. No detengas el desfile para recoger una moneda de diez centavos.

654. Adquiere el hábito de leer algo inspirador y que te ponga de buen humor justo antes de irte a dormir.

655. Recuerda que quien es estúpido con el dinero lo es también en otros aspectos.

656. Cásate con una mujer con la que te encante conversar. A medida que envejezcáis, sus aptitudes para la conversación serán tan importantes como cualquier otra.

657. Si trabajas para una organización que toma sus decisiones en comité, asegúrate de formar parte de él.

658. Cuando contrates a alguien, valora especialmente a un hombre que sea *eagle scout* y a una mujer que haya recibido la medalla de oro de las *girl scouts*.

659. Convierte a los enemigos en amigos haciendo algo amable por ellos.

660. Sé igual de amable con el conserje como lo eres con el presidente de la junta.

661. Nunca compres algo eléctrico en un mercadillo.

662. Si quieres hacer algo e intuyes que es lo correcto, hazlo. La intuición suele ser tan importante como la información.

663. No hagas chapuzas.

664. Aprende a hornear pan.

665. Todo el mundo adora los elogios. Busca modos de proporcionárselos.

666. Ponte de pie para darle la mano a alguien.

667. Sé original. Si ello significa ser un poco excéntrico, pues que así sea.

668. Todo el mundo merece un pastel de cumpleaños. Nunca celebres un cumpleaños sin uno.

669. Abre tus brazos al cambio, pero no renuncies a tus valores.

670. Cuando se trate de preocuparse o de pintar un cuadro, ten claro en qué momento parar.

671. No esperes que nadie sepa qué quieres para Navidad si no se lo cuentas.

672. Antes de emprender un viaje largo, llena el depósito y vacía la vejiga.

673. Pide copias dobles cuando hagas revelar una película. Envía las copias sobrantes a las personas que salen en las fotos.

674. Sé rápido para aprovechar una ventaja.

675. Presta tanta atención a las cosas que funcionan bien en tu vida como la que prestas a las que te dan problemas.

676. Interésate más por lo que tú haces que por lo que hacen los demás.

677. Cuando acompañes a una mujer a su casa, asegúrate de que entra en ella sin problemas antes de irte.

678. Convive con tu nueva mascota algunos días antes de ponerle un nombre. El nombre apropiado vendrá a ti.

679. Celebra cada año el día en que tu mujer y tú salisteis por primera vez.

680. Trata a tus empleados con el mismo respeto que profesas a tus clientes.

681. Reduce la velocidad. Quiero decir que conduzcas muy despacio en zonas escolares.

682. Deja a tus hijos afrontar las consecuencias de sus actos.

683. No esperes que los mejores regalos se presenten envueltos en el papel más bonito.

684. Puede que seas afortunado y poseas mucho dinero, pero asegúrate de que tu trabajo implica alguna cosa que enriquece tu espíritu además de tu cuenta corriente.

685. Cuando un buen hombre o una buena mujer sean candidatos políticos, apóyalos con tu tiempo y tu dinero.

686. Cuando precises consejo profesional, obtenlo de profesionales, no de tus amigos.

687. No compres un colchón barato.

688. Recuerda que hay veces en que el silencio es la mejor respuesta.

689. No pienses que puedes aflojar en tu búsqueda de la felicidad. La felicidad es fruto de la acción.

690. No descartes una buena idea solo porque no te guste la fuente.

691. Paga para que un niño desfavorecido pueda ir a un campamento de verano.

692. Lo que tengas que hacer, hazlo con presencia de ánimo.

693. No creas todo lo que oigas ni gastes todo lo que tengas ni duermas tanto como quisieras.

694. Elige una iglesia donde se cante música alegre.

695. No pierdas el tiempo esperando a que llegue la inspiración. Comienza, y la inspiración te encontrará.

696. Cuando digas «Te amo», dilo en serio.

697. Cuando digas «Lo siento», mira a la persona a los ojos.

698. Comprométete al menos seis meses antes de casarte.

699. Obra de manera que tu instituto quiera que pronuncies un discurso ante los estudiantes de último año.

700. Gana sin presumir de ello.

701. Pierde sin buscar excusas.

702. Elige el apartamento en la planta superior.

703. Pídele a alguien a quien quieras conocer mejor que haga una lista con cinco personas a las que le gustaría conocer. Ello te dirá mucho sobre esa persona.

704. Vigila tu actitud. Es lo primero que los demás perciben de ti.

705. No seas una persona de las que dicen: «Preparados, fuego, apunten».

706. No seas una persona de las que dicen: «Preparados, apunten, apunten, apunten».

707. Las fechas de vencimiento son importantes. Respétalas.

708. Cuando encuentres a alguien que hace bien cosas pequeñas, hazlo responsable de cosas mayores.

709. Cuando tengas pensado pernoctar fuera de casa, llévate un albornoz. Y tu almohada también.

710. Lee más libros.

711. Ve menos televisión.

712. Recuerda que un buen precio no tiene por qué ser el que esté marcado en un objeto, sino lo que este valga para ti.

713. Compra tres libros de los más vendidos para niños. Léelos y luego dáselos a un jovencito.

714. Cuando la oportunidad llame a tu puerta, invítala a quedarse para cenar.

715. Recuerda que cuanto más sabes menos temes.

716. Cuando una camarera o un camarero te den un servicio excepcional, deja una propina generosa, además de una pequeña nota que diga: «Gracias por un servicio tan atento. Su intervención ha hecho de nuestra comida una magnífica experiencia».

717. Quítate las gafas de sol cuando hables con alguien.

718. Conviértete en el mejor maestro e instructor de tus hijos.

719. Preséntate a tus vecinos tan pronto como te traslades a un nuevo vecindario.

720. Cuando un amigo o un ser querido enfermen, recuerda que la esperanza y el pensar en positivo son medicinas poderosas.

721. Cuando encuentres una cosa que quieras tener de veras, no dejes que una pequeña cantidad de dinero te impida hacerte con ella.

722. No confundas meros inconvenientes con auténticos problemas.

723. Algunas cosas precisan que se hagan mejor de lo que nunca se han hecho antes. Algunas tan solo precisan que se hagan. Otras no precisan ser hechas en absoluto. Aprende a distinguir entre unas y otras.

724. Compra escaleras, extensiones de cable y mangueras de jardín más largas de lo que creas que vas a necesitar.

725. Cuando te pidan rezar en público, hazlo deprisa.

726. Muestra un respeto aún mayor por las personas cuyos empleos les ensucian las manos por debajo de las uñas.

727. Coge la mano de tu hijo cada vez que puedas. Más pronto que tarde él o ella ya no te dejará.

728. Cuando cortes el pavo de Acción de Gracias, dale el primer trozo a la persona que lo haya preparado.

729. Vive una vida buena, honorable. Luego, cuando te hayas hecho mayor y pienses en el pasado, lo disfrutarás por segunda vez.

730. Aprende a hacer juegos malabares.

731. Recuerda que un buen ejemplo es el mejor sermón.

732. Limpia el tarro de miel pegajosa antes de devolverlo a la alacena.

733. Compra una obra de arte original cada año, aunque solo se trate de un cuadro realizado por un estudiante de instituto.

734. Apúntate como voluntario para trabajar algunas horas cada mes en un comedor social.

735. Si una compañía aérea te ha tratado injustamente, contacta con un organismo de consumo.

736. No creas que las personas situadas en la cúspide de sus profesiones tienen todas las respuestas. No las tienen.

737. Recuerda la sabiduría del antiguo proverbio: «Paga lo que debes, sanarás del mal que tienes».

738. Consigue un coche con techo solar.

739. Cuando viajes en avión, no guardes objetos de valor ni documentos importantes en la maleta. Llévalos contigo a bordo.

740. No lleves un equipaje caro. Pone sobre aviso a los ladrones en el sentido de que puede que contenga objetos de valor.

741. Mantén tus pensamientos privados en privado.

742. Una vez cada dos meses disfruta de una comida de cuatro platos, pero come cada plato en un restaurante distinto.

743. Preséntate a alguien a quien quieras conocer sonriendo, dando tu nombre y diciendo: «No he tenido el gusto de conocerlo».

744. Pon tu chaqueta sobre los hombros de tu chica en una noche fría.

745. Sé humilde y educado, pero no le permitas a nadie zarandearte.

746. Ponte la correa alrededor del cuello antes de mirar por los binoculares.

747. Haz cien flexiones diarias: cincuenta por la mañana y cincuenta por la noche.

748. Ponte unas gafas de protección cuando utilices una desbrozadora o una sierra eléctrica.

749. Envuelve con un par de gomas elásticas gruesas tu cartera cuando te vayas a pescar o de excursión. Así evitarás que se te caigan cosas del bolsillo sin que te des cuenta.

750. No esperes de los banqueros que acudan en tu ayuda en una crisis financiera.

751. Ten en cuenta que al negociar, si no lo pones por escrito, probablemente no lo conseguirás.

752. No hagas negocios con alguien que tenga un historial poniendo demandas contra otras personas.

753. Confía en Dios, pero cierra con llave tu coche.

754. De vez en cuando deja que tu espíritu aventurero se imponga a tu sentido común.

755. Usa una fotografía que te guste de un ser querido como marcapáginas.

756. Jamás pierdas los nervios, el ánimo o las llaves de tu coche.

757. Contribuye a la biblioteca privada de tus hijos dándoles un ejemplar en tapa dura de un clásico cada cumpleaños. Empieza en su primer cumpleaños.

758. Sorprende a un viejo amigo con una llamada telefónica.

759. Defiende a tu mujer. Sé su mejor amigo y su hincha más incondicional.

760. Lleva en la cartera una lista con las tallas más importantes de tu mujer.

761. No mires los pagos pendientes de las tarjetas de crédito durante el fin de semana. Espérate al lunes.

762. No te desentiendas de tu negocio. Nadie cuida de él como tú.

763. No digas no antes de haber oído toda la historia.

764. Cuando te inviten a cenar, toma una segunda ración si la ofrecen, pero jamás una tercera.

765. Nunca digas nada ofensivo sobre tu mujer o tus hijos en presencia de terceras personas.

766. Antes de irte a dormir en Nochebuena, une las manos con tu familia y canta «Noche de paz».

767. Implícate en la escuela de tus hijos.

768. No aceptes nunca un comportamiento inaceptable.

769. No juzgues tu trabajo por lo que haces, sino por lo que él hace de ti.

770. Cuando comas en un restaurante que ofrece comida extranjera, no pidas nada que puedas hacerte en casa.

771. Cuando pronuncies una conferencia, concéntrate en lo que puedes aportar a los asistentes, no en lo que puedes obtener de ellos.

772. Regálale flores a tu suegra el día del cumpleaños de tu mujer.

773. Escríbele al pastor de tu comunidad una nota y exprésale lo mucho que él significa para ti.

774. Discúlpate inmediatamente cuando pierdas los estribos, en especial con los niños.

775. Cuando no estés seguro de lo que deberías pagarle a alguien, pregunta: «¿Qué te parece justo?». Casi siempre obtendrás una respuesta razonable.

776. Escríbele a tu autor preferido una nota de agradecimiento.

777. Cuando sepas de alguien para quien no ha sido nada fácil vestirse con elegancia, dile que está espectacular.

778. Una atmósfera de cariño en tu casa es algo de enorme importancia. Haz cuanto puedas para crear un ambiente sosegado, armonioso.

779. Cuando le digas a un niño que haga algo, no sigas con: «¿Vale?». Pregúntale en cambio: «¿Lo entiendes?».

780. No dejes que las malas hierbas crezcan alrededor de tus sueños.

781. Recuerda que casi todo parece mejor después de haber dormido bien una noche.

782. Cómprale a tu prometida el anillo de compromiso de diamantes más bello que puedas conseguir.

783. No te preocupes de tus derechos hasta el punto de que olvides tus modales.

784. Detente y observa a los canteros mientras trabajan.

785. Detente y observa a un agricultor arando un campo.

786. Evita utilizar la palabra *incrustado* a no ser que te refieras a muelas del juicio.

787. Lee *Lend Me Your Ears*, de William Safire, una recopilación de los mejores discursos del mundo (W. W. Norton & Co., 2004).

788. Guarda un kit de afeitado aparte solo para viajar.

789. Recuerda que *cómo* dices algo es igual de importante que *qué* dices.

790. De cuando en cuando mira *Barrio Sésamo*.

791. Cuando veas a unos visitantes hacerse fotografías mutuamente, ofrécete a fotografiarles a la vez.

792. En las discusiones con seres queridos aborda la situación presente. No saques a colación el pasado.

793. Nunca te disculpes por adoptar medidas extremas para defender las cosas que te importan, tu salud o la seguridad de tu familia.

794. Ve temprano a los mercadillos. A las ocho de la mañana ya suele haberse vendido la buena mercancía.

795. Si tu localidad tiene equipo de béisbol, asiste a la inauguración de la temporada.

796. No creas que podrás llenar un vacío en tu corazón con dinero.

797. Conviértete en famoso por acabar tareas importantes, difíciles.

798. Deja una moneda de veinticinco centavos donde un niño pueda encontrarla.

799. Lee entre líneas.

800. Nunca vendas tu osito de peluche, el uniforme del colegio o los anuarios escolares en un mercadillo. Más tarde te arrepentirás.

801. Haz un vídeo de lo que contiene tu casa pensando en el seguro. No olvides armarios ni cajones. Graba un DVD con las imágenes y guárdalo en la caja de seguridad de tu banco.

802. Cuando te hayas perdido, reconócelo y pregunta la dirección.

803. No des por cosa segura a los buenos amigos, la buena salud o un buen matrimonio.

804. No juegues a las apuestas. Recuerda que los casinos de mil millones de dólares se construyeron con sus ganancias, no con las tuyas.

805. Cómprate una corbata nueva para llevar en la cena de ensayo de la boda. Llévala solo una vez. Guárdala para siempre.

806. Nunca compres un solo rollo de papel higiénico, un rollo de papel transparente de cocina o un tarro de manteca de cacahuete. Que sean dos.

807. Nunca escribas a máquina una carta de amor. Utiliza una pluma estilográfica.

808. Haz un buen trabajo porque ese es tu deseo, no porque tengas que hacerlo. Esto te pone a ti al mando en vez de a tu jefe.

809. Recuerda que la forma más corta de llegar a cualquier parte es viajando en buena compañía.

810. Nunca adquieras una silla o un sofá sin sentarte antes en ellos durante algunos minutos.

811. Nunca comas paté de hígado en un restaurante. Algunas cosas solo deberían hacerse en la intimidad del hogar de cada cual.

812. No tengas la piel demasiado fina. Acepta la crítica y el elogio con la misma elegancia.

813. Al final de tus días, sigue inclinándote hacia delante, no cayendo hacia atrás.

814. Haz unas declaraciones de impuestos impecables.

815. Ordena un cajón distinto de tu casa cada semana.

816. Cuando trabajes con contratistas, incluye una cláusula de penalización en el contrato por si hay retrasos.

817. Lee los tablones de anuncios en el supermercado, en la librería de la universidad y en la lavandería. Encontrarás toda clase de cosas interesantes.

818. La próxima vez que pases junto a un agente de policía, un bombero o un técnico en emergencias sanitarias diles que agradeces lo que hacen por la comunidad.

819. Aprende tres chistes de toc-toc; así siempre estarás preparado para entretener a los niños.

820. Comparte tu conocimiento. Es una forma de alcanzar la inmortalidad.

821. No trabajes para una empresa dirigida por alguien de dudoso carácter.

822. Visita tu viejo instituto y preséntate al director. Pregúntale si puedes asistir a un par de clases.

823. En una discusión verbal, baja la voz en la misma medida en que la otra persona eleve la suya.

824. Sé respetuoso con la Tierra.

825. Consume tu tiempo y energía creando, no criticando.

826. Muéstrate prudente cuando manejes veleros, motos de nieve y motocicletas. Pueden darte una lección dolorosa rápidamente.

827. Obra con amabilidad e imparcialidad sin importar cómo te traten los demás. No les dejes determinar tu respuesta.

828. No dejes pelos en el desagüe de la ducha.

829. Deja que tus hijos vean que haces cosas por tu mujer que les indican cuánto la quieres y valoras.

830. Toma fotografías de cada coche que poseas. Más tarde, esas fotos despertarán unos recuerdos maravillosos.

831. No permitas a los niños subirse en la parte trasera de una camioneta.

832. Cuando te inviten a cenar en un restaurante, no pidas nada más caro que lo que pida quien te esté invitando.

833. Cuando alguien te dé a elegir entre pagar ahora o más tarde, elige ahora.

834. Cuando viajes por rutas secundarias, detente siempre que veas un letrero donde se lea «Se vende miel».

835. Empieza cada día con lo más importante que tienes que hacer. Deja las tareas menos importantes para después.

836. Niégate a compartir información personal y financiera a menos que lo creas absolutamente esencial.

837. No vivas más que tu dinero.

838. Nunca agarres un cuchillo que cae.

839. Cuando haya que escalar una cumbre, no pienses que esperar la hará menos elevada.

840. Llama a las cosas por su nombre.

841. Cuando tu perro muera, ponle un marco a su collar y colócalo encima de una ventana orientada al oeste.

842. Cuando la etiqueta de una prenda advierta «Limpieza en seco», no lo pongas en duda.

843. Nunca cojas lo que no puedas usar.

844. Simplemente porque ganes un buen sueldo no mires por encima del hombro a los que no lo ganan. Para poner las cosas en perspectiva, considera qué ocurriría con la comunidad si tú no hicieses tu

trabajo durante treinta días. A continuación, piensa en las consecuencias si los basureros no trabajasen durante treinta días. Ahora, ¿qué trabajo es más importante?

845. No comas ningún pastel de carne, excepto el de tu madre.

846. Escribe la fecha y los nombres de los que no son parientes en el reverso de todas las fotos tan pronto como te las den reveladas.

847. No vayas con once artículos a la cola de la caja rápida de hasta diez artículos.

848. Piénsatelo dos veces antes de decidir no cobrar por tu trabajo. La gente a menudo no valora lo que no paga.

849. Reza. Hay en ello un poder que no puede medirse.

850. Ayuda a un niño a plantar un pequeño jardín.

851. En las reuniones, evita girarte para ver quién acaba de llegar tarde.

852. No te montes en una bicicleta o motocicleta descalzo.

853. No compres nada contenido en un paquete que parezca haber sido abierto.

854. Calcula el tiempo de viaje en un quince por ciento de más.

855. Jamás hagas negocios con personas que llamen a tu puerta y te digan: «Pasaba por el vecindario».

856. Nunca te comas un dónut azucarado cuando vistas un traje oscuro.

857. Llama a una residencia de ancianos o a un centro de jubilados y pide una lista de los que raramente reciben correo o visitas. Envíales una tarjeta varias veces al año. Firmada: «Alguien que piensa que tú eres muy especial».

858. Elige a un socio para los negocios igual que eliges a una pareja para jugar a tenis. Escoge a alguien que sea fuerte donde tú seas débil.

859. Haz duplicados de todas las llaves importantes.

860. Lee mucho cuando estés de vacaciones, pero nada relacionado con tu actividad.

861. Unta el cuchillo en la mermelada antes de hacerlo en la manteca de cacahuete cuando hagas un sándwich de manteca de cacahuete y mermelada.

862. Recuerda que lo que es correcto no siempre es popular, y que lo que es popular no siempre es correcto.

863. Antes de comprar una casa o alquilar un apartamento comprueba la presión del agua abriendo los grifos y la ducha y luego tirando de la cadena.

864. Los zapatos apropiados han de hacerte sentir cómodo nada más ponértelos. No creas a un vendedor que te diga: «Te irán bien en cuanto los ablandes».

865. Programa tu despedida de soltero al menos dos días antes de tu boda.

866. Córtate el pelo al menos una semana antes de la entrevista crucial.

867. En la vida dedícate a elevar el ánimo de los demás, no a menospreciarlos.

868. Nunca interrumpas cuando te estén halagando.

869. No recojas lo que tus hijos hayan tirado. Ese es su trabajo.

870. Recuerda que un gran amor y los grandes logros entrañan un gran riesgo.

871. Ten un sombrero de *cowboy*.

872. Ten un sillón confortable para la lectura.

873. Ten un juego de cuchillos buenos de cocina.

874. Tanto en los negocios como en la vida, no te pegues demasiado a las huellas del carro.

875. Nunca pidas un filete de pollo rebozado en un local en cuyo aparcamiento no veas un par de camionetas.

876. Haz que borren tu nombre de las listas de correo comercial escribiendo a: Mail Preferences Service, P. O. Box 643, Carmel, NY 10512, o en www.dmaconsumers.org/offmailinglist.html.

877. Cepíllate los dientes antes de anudarte la corbata.

878. Jamás arriesgues lo que no puedas permitirte perder.

879. No confíes en una mujer que no cierre los ojos cuando la besas.

880. Nunca le digas a un hombre que se le está cayendo el pelo. Ya lo sabe.

881. Aprende a utilizar una aguja e hilo, una plancha de vapor y una máquina de café.

882. Recuerda que el «precio de venta recomendado» raramente lo es.

883. Nunca digas: «Mi hijo jamás haría eso».

884. Una vez al año, ve a algún lugar donde nunca hayas estado.

885. Sustituye las pilas de los detectores de humo cada uno de enero.

886. Recuerda que la ignorancia es cara.

887. Guarda velas y cerillas en la cocina y el dormitorio por si se corta la corriente.

888. Si ganas mucho dinero, ponlo al servicio de los demás mientras vives. Esa es la mayor satisfacción de la riqueza.

889. Escucha a quienes te critican. Pero no digas lo que piensas.

890. Aprende a preparar una salsa para espaguetis deliciosa.

891. Nunca le cuentes algo a un periodista que no quieras ver en la primera página del periódico de tu localidad. Los comentarios *off the record* raramente lo son.

892. No dejes a tu perro ladrar y molestar a los vecinos.

893. Recuerda que en ocasiones no hacer lo que quieres es un golpe de suerte.

894. Nunca le digas a una persona que esté sufriendo una tristeza profunda: «Sé cómo te sientes». No lo sabes.

895. Cuando hables de tus derechos, no olvides tus responsabilidades.

896. Recuerda que lo que des te procurará un placer mayor que lo que obtengas.

897. Pon el número de la calle de forma bien visible en tu buzón o en la casa por si los vehículos de urgencias necesitan localizarte.

898. Piénsatelo dos veces antes de aceptar un empleo que requiere trabajar en una oficina sin ventanas.

899. Nunca contrates a alguien a quien no invitarías a cenar en tu casa.

900. Cuando acampes o hagas senderismo, nunca dejes pruebas de que estuviste allí.

901. Recuerda que cualquier persona a la que conoces lleva un letrero invisible. En él se lee: «Préstame atención. Hazme sentir importante».

902. Haz tu trabajo mejor que nadie. Es la forma más segura de mantener el empleo que conozco.

903. Viste con decoro cuando vayas a la iglesia.

904. Si la vida o un caballo te tiran al suelo, levántate y vuelve a intentarlo.

905. Cuando tengas que elegir entre dos cosas excitantes, escoge la que no hayas probado.

906. Aprende a ahorrar incluso con el salario más modesto. Si lo haces, tendrás prácticamente asegurado el éxito financiero.

907. Nunca hagas preguntas profesionales a un contable, un abogado o un médico en un acto social.

908. Para leer más fácilmente en habitaciones de motel, llévate tu propia bombilla de 100 vatios.

909. Cuando alguien te haya dado un servicio excepcional, escríbele una nota a su jefe.

910. Arréglate lo mejor posible el día que pidas un aumento, solicites un crédito o comparezcas ante un tribunal.

911. Cuando le prestes dinero a alguien, asegúrate de que su reputación sea mayor que su aval.

912. Cuelga el teléfono si alguien te deja esperando para coger una «llamada en espera».

913. Sé precavido en lo relativo a decirle a la gente cuán satisfecho estás y lo feliz que eres. Habrá a quien no le gustará.

914. Acepta el hecho de que, sin importar cuántas veces estés en lo cierto, en ocasiones te equivocarás.

915. Tengas la edad que tengas, abraza y besa a tu madre cada vez que la saludes.

916. Mira *The Andy Griffith Show* para ayudarte a ver las cosas en perspectiva.

917. Aprende las reglas. Luego rómpelas.

918. De vez en cuando hazte la siguiente pregunta: «Si el dinero no fuese un factor a considerar, ¿qué me gustaría estar haciendo?».

919. Visita las ferias de artesanía local.

920. Asiste a la interpretación de un musical de Broadway a cargo de los alumnos de un instituto.

921. Asiste a los concursos culinarios para hacer chile con carne.

922. Deja notas cariñosas en la fiambrera de tu hijo.

923. Anima a todo aquel que esté intentando mejorar mental, física o espiritualmente.

924. Recuerda que la mitad de la alegría por un logro está en la expectativa.

925. Pide un catálogo de L. L. Bean. Escribe a L. L. Bean, Freeport, ME 04033, o visita la web www.llbean.com.

926. Pide un catálogo de Sundance. Llama al 1-800-422-2770 o visita la web www.sundancecatalog.com.

927. Recuerda que la mejor relación es aquella donde vuestro mutuo amor es mayor que vuestra mutua necesidad.

928. Cuando necesites ayuda, pídela así: «Tengo un problema. ¿Sería usted tan amable de ayudarme?».

929. Interésate por el gobierno de tu localidad. Como alguien dijo: «La política es demasiado importante para dejarla en manos de los políticos».

930. Jamás pierdas tu honradez a cambio de dinero, poder o fama.

931. Llama a la policía de tu localidad y pregunta por la posibilidad de acompañar a un agente en una patrulla nocturna.

932. Nunca te subestimes.

933. Ponte ropa vieja antes de sacar los pinceles.

934. Aprende a tocar «Sublime Gracia» en el piano.

935. Gástale una broma a alguien el Día de los Inocentes.

936. Nunca le recuerdes a alguien un gesto de amabilidad o un acto de generosidad que tuviste para con él o ella. Haz un favor y acto seguido olvídalo.

937. Ayuda a tus hijos a tener sus propios ahorros y sus cuentas bancarias desde los dieciséis años.

938. Visita a los amigos y parientes cuando estén hospitalizados. Únicamente has de quedarte unos minutos.

939. Jamás te avergüences de tu patriotismo.

940. Jamás te avergüences de unas lágrimas sinceras.

941. Jamás te avergüences de una risa demasiado ruidosa o de un canto demasiado jubiloso.

942. Prueba siempre la salsa casera.

943. Haz cuanto esté en tu mano para aumentar los salarios de los buenos maestros.

944. Cuando estés realmente enfadado, métete las manos en los bolsillos.

945. No confíes en tu memoria; anótalo.

946. Por lo menos una vez ten una cita con una mujer que tenga un maravilloso pelo rojo.

947. Ve la película *A propósito de Henry*.

948. Ve la película *Caballero sin espada*.

949. Sujeta una pequeña corona navideña a la rejilla de tu coche el uno de diciembre.

950. Juzga tu éxito por aquello a lo que tuviste que renunciar para conseguirlo.

951. Nunca dejes a un niño en el coche sin coger las llaves.

952. No creas que enviar un regalo o unas flores sustituye tu presencia.

953. Cuando visites una población pequeña a la hora de comer, elige el café situado en la plaza.

954. Nunca le preguntes a un peluquero si necesitas un corte de pelo.

955. Nunca cojas «prestado» de tu lugar de trabajo ni siquiera un lápiz.

956. La verdad es un asunto serio. Cuando critiques a otros, recuerda que un poco es mucho.

957. Nunca compres un artículo de joyería que cueste más de cien dólares sin regatear un poco.

958. Cuando tus hijos estén aprendiendo a tocar instrumentos musicales, cómprales unos que sean buenos.

959. Sé especialmente atento y paciente con las personas mayores.

960. Conviértete en un turista por un día en tu ciudad. Haz un recorrido por ella. Mira las vistas.

961. No confundas la estupidez con la valentía.

962. No tomes la amabilidad como debilidad.

963. No hables en el trabajo de los problemas en casa.

964. Responde primero las preguntas sencillas.

965. Nunca cierres los ojos ante la maldad.

966. Un caballo de carreras que corre regularmente solo un segundo más rápido que otro caballo vale millones de dólares más. Muéstrate dispuesto a hacer ese esfuerzo suplementario que separa al ganador del que ocupa el segundo lugar.

967. Crea una oficina y un hogar libres de humo.

968. Nunca te hagas un tatuaje.

969. **Recuerda que no hay dos personas que mirando por la misma ventana vean exactamente lo mismo.**

970. Deja que algunas cosas permanezcan envueltas de misterio.

971. Cuando estés lejos de casa y oigas las campanas de una iglesia, piensa en alguien que te quiere.

972. Recuerda esta afirmación del entrenador Lou Holtz: «La vida es en un diez por ciento lo que me sucede y en un noventa por ciento cómo reacciono ante ello».

973. Viaja. Visita lugares nuevos, pero recuerda ir con una mente abierta.

974. Compra una cámara pequeña, que no sea cara. Llévala contigo a todas partes.

975. Cuando los amigos se ofrezcan a ayudar, déjales que lo hagan.

976. Nunca decidas no hacer nada simplemente porque solo puedas hacer un poco. Haz lo que puedas.

977. Agradece cada regalo por pequeño que sea.

978. De vez en cuando proponte algo que te resulte difícil de lograr.

979. Recuerda que tu carácter es tu destino.

980. Aborda el amor y la cocina con temerario desenfreno.

981. Pon toda la carne en el asador. Perseverar solo un segundo más que tus competidores te convierte en un ganador.

982. Compra y utiliza los productos de tus clientes.

983. Prepárate mejor de lo que creas que vas a necesitar.

984. Telefonea antes de ir a visitar a los amigos y los parientes.

985. Dale a tu apretón de manos el mismo valor vinculante que un contrato firmado.

986. Conserva y archiva las mejores cartas comerciales que recibas.

987. Abona el dinero suplementario para los mejores asientos en una obra teatral o un concierto.

988. Da materiales complementarios después de tu presentación, nunca antes.

989. Nunca le compres nada a un vendedor irrespetuoso, por mucho que te interese.

990. Vacúnate contra la gripe.

991. La preocupación hace que una almohada sea dura. Cuando algo te preocupe, antes de irte a dormir anota tres cosas que puedas hacer al día siguiente para ayudar a resolver el problema.

992. Contrata a las personas atendiendo más a su buen juicio que a sus aptitudes.

993. La vida es breve. Come más tortitas y menos tortas de arroz.

994. Compra un paraguas rojo. Es más fácil de localizar entre todos los de color negro y añade un poco de color a los días lluviosos.

995. Quiere a alguien que no lo merezca.

996. De vez en cuando ve adonde puedas oír el portazo de una puerta de madera con mosquitero.

997. Cuando quieras decir no, dilo de una forma que no dé lugar a ambigüedades.

998. Nunca abras un restaurante.

999. Asiste a un partido de fútbol de instituto. Toma asiento cerca de la banda.

1000. Dales a los niños juguetes que se muevan con su imaginación, no con pilas.

1001. Recuerda que el carácter de tu hijo es igual que la buena sopa. Ambos son de elaboración casera.

1002. Cuando vayas a comprar algo que solo tengas que comprar una vez, compra lo mejor que puedas permitirte.

1003. Tan pronto como te hayas casado, empieza a ahorrar para la educación de tus hijos.

1004. Rechaza y condena los prejuicios basados en la raza, el sexo, la religión o la edad.

1005. Desconfía de un jefe que programe reuniones en lugar de tomar decisiones.

1006. Cuando vueles, escoge un asiento en la fila situada junto a la salida de emergencia. Tendrás más espacio para las piernas.

1007. Colabora con Habitat for Humanity y ayuda a construir viviendas para los pobres. Visita la web www.habitat.org.

1008. Puedes vestir de forma tan poco convencional como te parezca. Pero, recuerda, cuanto más extraño sea tu atuendo, mejor tendrás que ser.

1009. Lleva tres tarjetas de visita en la cartera.

1010. Sea cual sea la situación, reacciona con clase.

1011. Para emergencias, ten siempre dos monedas de veinticinco centavos en el bolsillo y un billete de diez dólares oculto en la cartera.

1012. No sobrealimentes a los caballos ni a los cuñados.

1013. Sé capaz de encestar regularmente tres de cinco canastas desde la línea de tiros libres.

1014. Recuerda la observación de William James según la cual el principio más profundo de la naturaleza humana es el anhelo de ser apreciado.

1015. Conviértete en el tipo de persona que ilumina un espacio con solo entrar en él.

1016. Compra boletos de rifas, chocolatinas y productos de panadería y confitería a los estudiantes que estén juntando dinero para proyectos de la escuela.

1017. Ten cuidado con el hombre que «tiene sombrero, pero no ganado».

1018. Pide prestada una caja con cachorros para una tarde y llévalos a visitar a los residentes de un hogar de ancianos. Aléjate un poco y fíjate en las sonrisas.

1019. Jamás olvides que bastan una persona o una idea para cambiarte la vida para siempre.

1020. Vuelve a leer *Walden*, de Thoreau.

1021. Cuando haya que mover un piano, no eches mano de la banqueta.

1022. Acude a citas a ciegas. Recuerda que así fue como conocí a tu madre.

1023. Aficiónate al equipo de tu localidad.

1024. Sigue tu estrella.

1025. Recuerda a los que te quieren.

1026. Vuelve a casa en los días festivos.

1027. No seas vanidoso.

1028. Llama a tu padre.

Volumen III

1029. Nunca compres una mesa de centro sobre la que no puedas poner los pies.

1030. Di algo positivo lo antes posible todos los días.

1031. Cree en los milagros, pero no dependas de ellos.

1032. Nunca abras el frigorífico cuando estés aburrido.

1033. Rellena los informes de gastos el mismo día de regreso de un viaje.

1034. Sea cual sea la situación, recuerda que nada se pierde por la amabilidad.

1035. Ten al menos una prenda de vestir con un Mickey Mouse.

1036. Cuando te alojes en un hotel o un motel, no aceptes una habitación junto a máquinas de hielo o expendedoras automáticas.

1037. Nunca te pongas cerca de un niño que sostiene una manguera de agua, a menos que quieras acabar mojado.

1038. Agradece haber nacido en este gran país.

1039. Disfruta de la satisfacción que surge de hacer bien cosas pequeñas.

1040. Nunca rechaces un postre de fiesta.

1041. Si te ves implicado en un accidente de automóvil, no admitas la culpa (puede haber circunstancias atenuantes) y no hables del accidente con nadie excepto con la policía y tu agente de seguros.

1042. Anima a tus hijos a formar parte de un coro.

1043. Jamás permitas a nadie amenazarte.

1044. Vigila tus finanzas como un halcón.

1045. No olvides que al final somos juzgados por lo que damos, no por lo que obtenemos.

1046. Lee *En busca del boom*, de Tom Peters (Deusto, 1996).

1047. Elogia siempre los jardines de flores y a los nuevos bebés.

1048. Cuando vayas de pasajero en el coche de otro, nunca te quejes de la música.

1049. Recuerda que es preferible que te engañen en el precio a que lo hagan en la calidad.

1050. Llévate un par de bolsas Ziploc y un bloc de notas Post-it cuando viajes.

1051. No les consientas a tus hijos o nietos llamarte por tu nombre.

1052. Cuando leas libros de autoayuda, incluye la Biblia.

1053. Cada año, toma una fotografía del primer día de escuela de tus hijos.

1054. Aprende las reglas de los deportes que practican tus hijos.

1055. Cuando oigas una palabra amable acerca de un amigo, díselo.

1056. Jamás vaciles en hacer lo que sabes que es correcto.

1057. No trabajes para obtener reconocimiento, pero haz un trabajo digno de reconocimiento.

1058. Sé benévolo en tus palabras, acciones y juicios.

1059. Trabaja para una empresa donde las expectativas acerca de ti sean altas.

1060. Recuerda que una palabra amable llega lejos.

1061. No compares a tus hijos con sus hermanos o con sus compañeros de clase.

1062. Muestra entusiasmo cuando expreses agradecimiento y aprecio.

1063. Pide permiso antes de hacerle a alguien una fotografía.

1064. Hazte miembro del Rotary o de otro club cívico.

1065. Cuando no ocasione un daño importante, deja a tus hijos hacer las cosas a su manera, aun cuando sepas que se equivocan. Aprenderán más de sus errores que de sus logros.

1066. Escribe en un papel tu cita favorita y ponla donde puedas verla cada día.

1067. Perdona con rapidez.

1068. Besa con lentitud.

1069. Dile a tu mujer a menudo que está guapísima.

1070. Recuerda que estés donde estés no pasan muchas cosas buenas después de medianoche.

1071. Nunca hagas un regalo de aniversario que haya que enchufar a la corriente.

1072. Recuerda que la palabra *disciplina* quiere decir «enseñar».

1073. Recuerda que todo éxito tiene un precio.

1074. Cuando regales a alguien una cámara, asegúrate de que esté cargada con una película y tenga batería.

1075. Visita el edificio del capitolio de tu estado.

1076. Gánate el éxito basándolo en el servicio a los demás, no a costa de ellos.

1077. Jamás digas algo poco halagador sobre tu mujer en presencia de tus hijos.

1078. Recuerda los tres sanadores universales: loción de calamina, copos de avena caliente y abrazos.

1079. Para combatir la tristeza intenta hacer ejercicio.

1080. Nunca veas una película o un vídeo con tus hijos que contenga actividades y expresiones que no quieras que ellos imiten.

1081. Comparte tu conocimiento y experiencias.

1082. Ofrécete como voluntario para hacer de árbitro de las pequeñas ligas de béisbol.

1083. Si vistes esmoquin dos veces al año o más, cómprate uno.

1084. Dales a tus hijos un beso de buenas noches, aunque ya estén dormidos.

1085. Felicita al progenitor cuando observes a un niño con buenos modales.

1086. Aprende la maniobra de Heimlich.

1087. Cuando viajes, duerme cerca de la cartera, las llaves del coche, la llave de la habitación, las gafas y los zapatos.

1088. Nunca renuncies a la oportunidad de estar en un desfile.

1089. Recuerda el credo de Walt Disney: «Piensa, cree, sueña y atrévete».

1090. Empieza la ovación de pie al final de las obras representadas en la escuela.

1091. Destina para elogiar el doble de tiempo que para criticar.

1092. Cuando alguien te decepcione, no pierdas la fe en él.

1093. Trata el dinero de tu empresa como si fuera el tuyo.

1094. Recuerda que los grandes cambios en la vida raramente avisan con antelación.

1095. Lo que tengas que hacer, hazlo sin titubeos.

1096. Enseña a tus hijos a no subestimar jamás a alguien con discapacidad.

1097. Nunca opines sobre el peso de alguien a menos que sepas que tendrá un eco positivo.

1098. Busca un empleo que te guste y dale todo lo que tienes.

1099. Haz una lista de cosas necesarias para viajar, plastifícala y ponla en tu maleta.

1100. Lee el *Wall Street Journal* habitualmente.

1101. Lleva una contabilidad adecuada.

1102. Nunca te quejes debido a un vuelo aplazado por incidencias mecánicas. Esperar en tierra es infinitamente mejor que la alternativa.

1103. No vayas esparciendo tus problemas entre tus amigos y colegas del trabajo.

1104. De vez en cuando deja a tus hijos ayudarte, aunque eso suponga ir más despacio.

1105. Pon límites a la cantidad y el contenido televisivo que ven tus hijos.

1106. Aspira al respeto más que a la popularidad.

1107. Aspira a la calidad más que al lujo.

1108. Aspira a la elegancia más que a la moda.

1109. Llévate a tus hijos adolescentes contigo cuando compres un coche o un artículo caro para el hogar y déjales aprender de la experiencia.

1110. Dale una fiesta sorpresa de cumpleaños a un amigo.

1111. Tómate siempre tu tiempo de vacaciones.

1112. Hazte algunas fotos tontas con un amigo en una cabina de fotos instantáneas.

1113. Comienza un «archivo de sonrisas» a base de bromas, artículos y caricaturas que te hagan reír.

1114. Comienza un «archivo de relecturas» con artículos que podrías querer disfrutar una segunda vez.

1115. Alguien siempre pondrá en ti sus ojos como un ejemplo de cómo comportarse. No decepciones a esa persona.

1116. Cuando necesites un pequeño consejo, llama a tus abuelos.

1117. Enseña a tus hijos igual que a tus hijas a cocinar.

1118. Busca la oportunidad que se oculta en cada adversidad.

1119. No te sientes mientras haya señoras de pie.

1120. Recuerda que cuando tu madre dice:
«Te arrepentirás», probablemente así será.

1121. Denuncia prácticas comerciales inmorales a una asociación de consumidores.

1122. No critiques a las amistades de tu mujer.

1123. Sé puntual cuando tengas que ir a recoger a tus hijos o llevarlos a la escuela o a otras actividades.

1124. Una vez al mes invita a comer a alguien que sepa más sobre tu negocio que tú.

1125. Estudia en profundidad la historia de tu país.

1126. Haz un gran lote de dulces Rice Krispies. Llévatelos a la oficina.

1127. Juega al pillapilla con un niño.

1128. Escribe algún poema.

1129. Tira algunas canastas.

1130. Para abrir una botella de champán, sujeta el corcho y gira la botella.

1131. Nunca ignores a un perro viejo que ladra.

1132. Si quieres que alguien quede en deuda contigo, haz algo bonito por su hijo.

1133. Mejora, si cabe, la mejor hamburguesa untándole un poco de jalea de uva.

1134. Intenta añadir un nombre nuevo a tu agenda cada semana.

1135. Nunca critiques a tu país cuando viajes al extranjero.

1136. Si no vas a utilizar un vale de descuento, déjalo en la estantería junto al producto para que otra persona pueda usarlo.

1137. Cuando la persona querida se aleje en coche, mira y saluda con la mano hasta que ya no puedas ver el vehículo.

1138. En tu cumpleaños, envíale a tu madre una tarjeta de agradecimiento.

1139. Nunca digas un chiste subido de tono en presencia de mujeres o niños.

1140. Respeta a tus mayores.

1141. Ten un bloc de notas y un lápiz junto al teléfono.

1142. Si marcas un número equivocado, no te limites a colgar; discúlpate.

1143. Ponte las mismas elevadas exigencias que pones a los demás.

1144. Capta la atención de alguien diciendo: «Acabo de oír el mejor cumplido sobre ti».

1145. Jamás dejes que las probabilidades te disuadan de perseguir aquello para lo cual te sabes destinado en lo más profundo de tu ser.

1146. Destina un par de horas cada semana a la lectura de revistas que no tengan nada que ver con tu empleo o tu estilo de vida.

1147. Declárale la guerra a la procrastinación.

1148. No abras el correo de ninguna otra persona.

1149. Nunca prestes la motosierra, tu guante de béisbol ni tu libro favorito.

1150. Guarda un rollo de cinta adhesiva en casa, en la oficina y en el coche.

1151. Aprende las técnicas para ser un buen entrevistador.

1152. Añade a la biblioteca de tu casa la recopilación de poemas de Garrison Keillor titulada *Good Poems* (Viking, 2002).

1153. Cuando el «mejor del mundo» visite tu población con motivo de un concierto, una exposición o una conferencia, compra entradas.

1154. Recuerda que un matrimonio duradero se basa en el compromiso, no en la comodidad.

1155. Hasta que tus hijos no se vayan de casa, no compres nada que sea de piel de imitación.

1156. Cómprales a tus hijos un adorno navideño especial cada año. Cuando se marchen a su propio hogar, mete los adornos en cajas y dáselos como regalos para estrenar la casa.

1157. Ofrece esperanza.

1158. Dale a tu palabra el valor de un vínculo.

1159. Cuenta tu cambio.

1160. Participa con algo en la feria agrícola o artesanal de tu localidad.

1161. Cuando debas disculparte, hazlo en persona.

1162. Intenta encontrar una copia del libro *Under My Elm*, de David Grayson (Doubleday, 1942). Tal vez no sea fácil encontrarlo.

1163. Llévate a tu hijo a dar una vuelta por una universidad cercana.

1164. Acaba los proyectos antes de lo convenido.

1165. Sé feliz con lo que tienes mientras trabajas en lo que quieres.

1166. Jamás preguntes a una pareja sin hijos cuándo van a tener niños.

1167. Deja que tus hijos vean tu generosidad con los más necesitados.

1168. Celebra incluso las pequeñas victorias.

1169. Nunca respondas a las preguntas de un periodista con: «Sin comentarios». Por el contrario, di: «No tengo suficiente información para opinar sobre eso en este momento».

1170. Córtate las uñas a solas.

1171. Después de irte a la cama, evita preocuparte por los problemas hasta la mañana siguiente.

1172. Devuelve los carritos de la compra a las áreas designadas.

1173. Asiste a una ceremonia de imposición de la medalla de oro de los *eagle scouts* o las *girl scouts*.

1174. Nunca le digas a un vendedor de coches cuánto quieres gastar.

1175. Canjea con prontitud los cheques regalo.

1176. Recuerda que un corazón agradecido es casi siempre un corazón feliz.

1177. Haz cuanto puedas para asistir a las bodas y los funerales de la familia y los amigos.

1178. No olvides que un par de palabras de elogio o de ánimo pueden arreglarle el día a alguien.

1179. Sé particularmente amable con recepcionistas y personal de secretaría; son los guardianes.

1180. Cada año envíale a tu vieja *alma mater* un poco de dinero.

1181. Gana tu dinero antes de gastarlo.

1182. No sobrecargues las actividades extracurriculares de tus hijos.

1183. Cada vez que oigas la sirena de una ambulancia, di una oración por la persona a la que trasladan.

1184. No tomes medicamentos a oscuras.

1185. Mima a tu mujer, no a tus hijos.

1186. Preocúpate de las consecuencias de las decisiones que tomes antes de tomarlas, no después.

1187. Asiste a las reuniones entre padres y profesores y a las de madres y padres de alumnos.

1188. Detente y mira hacia arriba cuando nadie se acerque a tu mesa de trabajo.

1189. Obtén un pasaporte y mantenlo actualizado.

1190. Recuerda que nadie se hizo nunca famoso por desandar el camino.

1191. Busca buenos precios, pero deja que el otro tipo obtenga un beneficio justo por lo que adquieras.

1192. Sé cauteloso a la hora de alquilar alojamientos descritos en anuncios o folletos como «rústicos».

1193. Insiste en que tus hijos sigan un curso de educación vial en su escuela.

1194. Conoce a los profesores de tus hijos.

1195. En un hotel, localiza las salidas de emergencia de tu planta tan pronto como te dirijas a la habitación.

1196. No pierdas la humildad.

1197. Mantente activo y alerta.

1198. Escribe una carta al director de un medio de comunicación al menos una vez al año.

1199. Cuando practiques un deporte con un compañero, jamás critiques su actuación.

1200. Recuerda que puedes perderte un montón de cosas buenas en la vida por tener la actitud equivocada.

1201. Colabora con los museos de tu localidad.

1202. Colabora con la orquesta de tu localidad.

1203. Colabora con la universidad de tu comunidad.

1204. Si te invitan a una boda, toma montones de instantáneas y envíaselas a los novios lo antes que puedas. Ellos aún tienen que esperar bastante hasta recibir las fotografías formales y les emocionará recibir las que tú hiciste.

1205. Entérate de dónde hay una gasolinera abierta las veinticuatro horas con un baño que funcione.

1206. Cuelga a cualquier desconocido que intente venderte un producto financiero por teléfono.

1207. Cuando seas invitado, jamás te quejes de la comida, la bebida o el alojamiento.

1208. Exige a tus hijos que hagan lo que les corresponda en las tareas del hogar.

1209. Sigue un curso para hablar en público.

1210. Para una mayor seguridad cuando viajes, llévate una pequeña cuña de madera y ponla debajo de la puerta de la habitación de tu hotel para atrancarla.

1211. Ten una centrifugadora para ensalada.

1212. Calcula muy por debajo cuando se trate de adivinar la edad o el peso de un adulto.

1213. Calcula muy por encima cuando se trate de adivinar el salario de alguien.

1214. Jamás dejes enfadado a un ser querido.

1215. Elige a un vendedor de ropa que vista como a ti te gustaría.

1216. Envía notas de aliento al personal militar y a los estudiantes universitarios.

1217. De vez en cuando deja una moneda en la ranura de devolución del cambio de un teléfono público. Alguien siempre inspecciona.

1218. Cuando dudes, sonríe.

1219. Paga de más al chico del vecindario que trabaja en el jardín a tu servicio.

1220. Cuando un amigo esté en apuros, ayúdalo sin que te lo pida.

1221. Ten una lata vacía para gasolina en el maletero.

1222. Adquiere dos copas de champán de cristal.

1223. Dales a los conductores que vengan de lejos un poco más de espacio en la carretera.

1224. Jamás critiques un regalo.

1225. Hazte voluntario para ayudar en los Special Olympics de tu ciudad.

1226. Enseña a tus hijos el orgullo, la satisfacción y la dignidad de desempeñar bien cualquier trabajo.

1227. Jamás le preguntes a una mujer para cuándo espera al bebé a menos que estés seguro de que está embarazada.

1228. No des demasiadas vueltas a las preocupaciones.

1229. Haz una contribución generosa a la investigación de la diabetes.

1230. Ponle un marco a cualquier cosa que traiga tu hijo a casa en su primer día de escuela.

1231. Guarda diez dólares en la guantera para emergencias.

1232. Cuando sirvas hamburguesas, tuesta el pan.

1233. Cásate con alguien semejante a ti o un poco mejor.

1234. Nunca estés demasiado ocupado para conocer a alguien.

1235. Por respeto y aprecio a los esfuerzos del cocinero, no vistas de manera informal para la cena de Acción de Gracias.

1236. Recuerda que las palabras crueles hieren profundamente.

1237. Recuerda que las palabras cariñosas curan enseguida.

1238. Ten un cuaderno especial. Escribe cada noche antes de acostarte una nota acerca de algo maravilloso que hayas visto durante el día.

1239. Si no es una mañana hermosa, deja que lo sea gracias a tu alegría.

1240. Planta un árbol el día en que nazca tu hijo.

1241. Sorprende a alguien que tenga más de ochenta años o a una pareja que celebra los cincuenta años o más de matrimonio con una felicitación personal del presidente. Detalles del correo a la Casa Blanca, A/A: Greetings Office, Washington, D. C. 20502-0039, o visita la web www.whitehouse.gov/greeting. Hazlo con una antelación de entre cuatro y seis semanas.

1242. No digas algo en un teléfono inalámbrico o uno móvil que no quieras que el mundo oiga.

1243. Nunca te pongas en una posición en la que tengas que dar marcha atrás con un remolque.

1244. Arroja una moneda cuando pases junto a un pozo de los deseos.

1245. Da a los niños la oportunidad de participar en la toma de decisiones familiares. Su razonamiento te sorprenderá.

1246. Cuando seas el primero en levantarte, hazlo en silencio.

1247. Este año visita dos o tres parques nacionales.

1248. Recuerda que un minuto de ira te niega sesenta segundos de felicidad.

1249. Incluye una foto reciente de familia cuando escribas a un ser querido.

1250. Sé como un hermano mayor o una hermana mayor.

1251. Para ayudar a que tus hijos se eduquen bien pasa el doble de tiempo con ellos y dales la mitad de dinero.

1252. Pídeles a tus abuelos que te cuenten historias sobre tus padres cuando estaban creciendo.

1253. Antes de criticar a un nuevo empleado recuerda tus primeros días en el trabajo.

1254. Diles a los miembros de tu familia que los quieres antes de que se marchen algunos días.

1255. Haz una copia de seguridad de tu libreta de direcciones.

1256. Rellena las tarjetas de comentarios de los clientes.

1257. ¡Acoge lo inesperado! Las oportunidades rara vez se presentan en paquetes inmaculados y predecibles.

1258. No conviertas el comer cada cosa en su plato en un problema con los niños.

1259. Jamás pierdas la oportunidad de ir a pescar con tu padre.

1260. Jamás pierdas la oportunidad de irte de viaje con tu madre.

1261. Quita el polvo, después pasa la aspiradora.

1262. Nunca te olvides de los que te dieron una segunda oportunidad.

1263. Cuando cruces la calle con un niño, cógele de la mano.

1264. Haz cada día algo que te dé salud.

1265. Cada primavera planta un par de tomateras.

1266. Cuando viajes, detente de cuando en cuando en cafés y restaurantes modestos.

1267. Nunca le niegues a nadie la oportunidad de hacer algo bueno por ti.

1268. Jamás le digas a una mujer que te gustaba más su cabello antes de que se lo cortara.

1269. Ofrécete para pagar el estacionamiento y los peajes cuando viajes de acompañante.

1270. Ofrécete para dejar la propina cuando alguien te invite a comer.

1271. Recuerda que un futuro de éxito empieza justo ahora.

1272. Cuando juegues a golf y tenis, juega a veces con alguien mejor que tú.

1273. Visita una tienda de mascotas de cuando en cuando y observa a los niños que estén mirando a los animales.

1274. No banalices las preocupaciones y los temores de tu hijo.

1275. Aprovecha las conferencias gratuitas sobre cualquier tema en el que estés ligeramente interesado.

1276. Jamás renuncies a un sueño solo debido al tiempo que te llevará realizarlo. El tiempo pasará de todos modos.

1277. A menos que ocasione un problema de seguridad, detén el vehículo en el arcén ante un funeral.

1278. Lleva a tu padre a jugar a los bolos.

1279. Sé el primer adulto que salta a la piscina o corre a meterse en el mar con los niños. Ellos te querrán por eso.

1280. Abraza cachorros de perro, gatitos y bebés cada vez que tengas ocasión.

1281. No pongas la radio de tu coche tan alta que no puedas oír acercarse vehículos de emergencia.

1282. Llévate tarjetas del Trivial Pursuit para leérselas al conductor en el transcurso de un largo viaje. Hacen que el tiempo pase volando.

1283. Cuando los niños se hayan peleado y una vez que se hayan pedido perdón, pide a cada uno de ellos que diga algo bueno del otro.

1284. Jamás olvides la deuda que tienes con todos los que te han precedido.

1285. Memoriza los nombres de los libros de la Biblia.

1286. Memoriza los nombres y el orden de los presidentes.

1287. Recuerda que todo aquello que sea ingenioso e innovador será copiado.

1288. Viste con arreglo a la posición que quieras, no a la que tengas.

1289. No escribas nada que no desees que otra persona lea.

1290. Guárdate las espaldas.

1291. Controla tu peso.

1292. Vigila tu lenguaje.

1293. Cuando viajes, llévate más ropa interior y calcetines de los que creas que vas a necesitar.

1294. Cuando te sometas a un test de verdadero-falso, recuerda que cualquier afirmación que contenga las palabras *ninguno*, *todos*, *siempre*, *nunca* o *alguna vez* suele ser falsa.

1295. Ten junto a la cama un par de tus libros favoritos.

1296. Susurra en el oído de tu hijo que duerme: «Te quiero».

1297. Contempla, por lo menos una vez en la vida, las montañas Grand Teton desde un caballo.

1298. Haz que tus hijos sepan que pase lo que pase siempre estarás a su lado.

1299. Pregúntale a tu jefe qué espera de ti.

1300. Jamás ignores el sonido de una alarma de incendio.

1301. Date un paseo en un planeador.

1302. Date un paseo en un globo.

1303. Sé el primero en pedir perdón a un miembro de la familia después de una discusión.

1304. Para averiguar quién está detrás de una idea o una actividad sigue el dinero.

1305. Si pides una cosa prestada más de dos veces, cómprate una para ti.

1306. Cuando construyas una casa, asegúrate de que tenga un porche protegido.

1307. Sé innovador.

1308. Sé apasionado.

1309. Sé comprometido.

1310. Llama a un programa radiofónico con una opinión.

1311. Elige la pareja de tu vida cuidadosamente. De esta única decisión se derivará el noventa por ciento de toda tu felicidad o desdicha.

1312. Durante los meses de invierno, guarda una manta en el maletero del coche para emergencias.

1313. Recuerda que los momentos más valiosos de la vida muchas veces no se anuncian.

1314. Cuando estés hablando con alguien, que no te vean mirándote el reloj.

1315. Nunca le digas a nadie que carece de sentido del humor.

1316. Nunca le digas a nadie que no puede cantar.

1317. No discutas con tu madre.

1318. Cuando te bajes del avión, da las gracias al comandante por un vuelo seguro y confortable.

1319. Antes de comprar un anillo de compromiso, averigua todo lo que puedas sobre los diamantes en www.americangemsociety.org/jewelrybuying.htm. La American Gem Society dispone de información que dará respuesta a algunas de tus preguntas.

1320. Cuando unos padres te presenten a sus hijos, diles: «Tenía muchas ganas de conoceros porque vuestros padres se pasan el tiempo presumiendo de vosotros».

1321. Cada diciembre hazle al mundo un valioso regalo. Dona medio litro de sangre.

1322. Planta un par de árboles frutales en tu jardín.

1323. Ponte una corbata con personajes de dibujos animados si trabajas con niños.

1324. Recuerda que cada edad brinda nuevas oportunidades.

1325. Conoce a los amigos de tus hijos.

1326. Come ligeramente o no comas nada antes de dar una charla o hacer una presentación.

1327. Acude a las reuniones familiares y ten paciencia cuando tus tías y tíos quieran tener una fotografía tuya.

1328. Da largos paseos con tu mujer cogidos de la mano.

1329. Visita la finca Biltmore en Asheville, Carolina del Norte, durante el festival primaveral de los tulipanes.

1330. Pregúntale a una persona mayor por la que sientas respeto que te revele su momento de mayor orgullo y el de mayor arrepentimiento.

1331. Registra las alturas de tus hijos el día de su cumpleaños en el marco de la puerta.

1332. De vez en cuando deja que tus hijos jueguen bajo la lluvia.

1333. Conviértete en el amigo más atento del mundo.

1334. Anima a los mejores estudiantes a que sean profesores.

1335. Pide siempre pudín de pan cuando esté en el menú.

1336. Crea y preserva un hogar tranquilo.

1337. Cuando hagas fotos de la familia, incluye unas cuantas tomas rutinarias, cotidianas.

1338. Por muy enfadado que estés con tu mujer, nunca durmáis separados.

1339. Nunca le preguntes a nadie por qué lleva una pulsera de alerta médica. Es asunto suyo.

1340. Diles a los jardineros de las zonas públicas cuánto valoras la belleza que aportan a tu ciudad.

1341. Recuerda que todo lo que merece la pena hacer va a llevar más tiempo del que crees.

1342. Guarda una cometa en el maletero para los días ventosos de primavera.

1343. Compra una linterna para cada integrante de tu familia a fin de que la guarden en su dormitorio.

1344. Jamás te cases con alguien con la esperanza de que cambie más tarde.

1345. Ten un globo terráqueo.

1346. Ten una buena colección de enciclopedias.

1347. Ten un diccionario de rimas.

1348. Enseña en una clase de una escuela dominical.

1349. Encuentra algo que sea importante para tu empresa y aprende a hacerla mejor que nadie.

1350. No comas nada cubierto con una salsa espesa a menos que sepas qué hay debajo.

1351. No comas nada recubierto de chocolate a menos que sepas lo que hay dentro.

1352. Guarda en la guantera del coche un mapa de carreteras actualizado de la ciudad y el país.

1353. Jamás llames a alguien estúpido, ni siquiera bromeando.

1354. Cuando viajes, llévate siempre una camisa blanca de vestir y una corbata.

1355. Guarda una fotografía de cada persona con la que hayas salido.

1356. Sé prudente.

1357. Sé positivo.

1358. Sé educado.

1359. No bebas nada azul.

1360. Cómprale unas flores a tu madre y una corbata a tu padre con tu primer sueldo.

1361. ¿Te has preguntado alguna vez qué se necesita para ser astronauta? Recibe el paquete de solicitud escribiendo a Mail Code AHX, Johnson Space Center, Astronaut Selection Office, Houston, TX 77058-3696.

1362. Cuando los servicios de un restaurante no estén limpios, díselo al responsable del establecimiento.

1363. Recupera una relación rota.

1364. Cuando te mudes de una casa o un piso, por nostalgia, haz una foto de cada habitación mientras aún esté el mobiliario.

1365. No compres marcos baratos.

1366. No compres una raqueta de tenis barata.

1367. No compres un casco de motocicleta barato.

1368. Critica el comportamiento, no a la persona.

1369. Nunca dejes la diversión para buscar diversión.

1370. Llama a tres amigos el Día de Acción de Gracias y diles lo agradecido que estás por su amistad.

1371. Colecciona conchas de tu playa favorita.

1372. Colecciona cartas de tu restaurante favorito.

1373. Aprende a hacer pan de maíz en una sartén de hierro fundido.

1374. Huele una botella abierta de loción para bronceado y una lima fresca para combatir temporalmente la tristeza invernal.

1375. Disfruta de un limpiabotas profesional la próxima vez que estés en el aeropuerto.

1376. Pídele a tu hijo que te lea él a ti un cuento de los de antes de dormir para hacer un cambio.

1377. Confíale a un mecánico de coches de confianza todas las reparaciones, no solo las difíciles.

1378. Juega al Monopoly con tu familia política. Te revelará muchas cosas de sus miembros.

1379. Escribe una carta de aliento al presidente; aun cuando no le hayas votado.

1380. Busca un florista creativo y confía en él plenamente.

1381. Recuerda que cuando alguien dice: «No herirás mis sentimientos. Dime lo que realmente piensas», no lo dice en serio.

1382. Envíales tarjetas de San Valentín a tus hijos, además de a tu mujer.

1383. Cuando comas rollos de canela o un entrecot de primera, come en primer lugar la porción del centro.

1384. Añade posdatas a tus cartas. Las hace agradables y amables.

1385. Recuerda que la mala suerte, al igual que la buena suerte, raramente se prolonga mucho tiempo.

1386. Nunca permitas que nadie te empuje a conducir más deprisa de lo que tú estimes seguro.

1387. Cede tu lugar en la cola de la caja del supermercado si la persona situada detrás de ti tiene solo dos o tres artículos.

1388. Cuando veas a alguien sentado, solo, en un banco, intenta hablar con él.

1389. Guarda los comprobantes.

1390. Mójate las manos antes de sacar una trucha del río.

1391. No fuerces la maquinaria.

1392. Cuando camines con un perro, deja que el perro escoja la dirección.

1393. Enséñales a tus hijos que cuando dividan algo en dos mitades será la otra persona la que escoja entre los dos trozos.

1394. Detente en los centros de información turística cuando visites un lugar por primera vez.

1395. Cuando vayas a comprarte un coche, deja tu reloj bueno en casa.

1396. Jamás des el nombre o el teléfono de un amigo o pariente a alguien que lo solicite por teléfono.

1397. Deja una nota cariñosa en el equipaje de tu esposa antes de que se marche de viaje.

1398. Nunca te compres una prenda de vestir pensando que te irá bien si pierdes un kilo.

1399. No abras tu mente hasta el punto de que el cerebro se te caiga.

1400. Levántate cuando una persona mayor entre en la estancia.

1401. Aficiónate a tu equipo para ganar, no para que el otro equipo pierda.

1402. Este año compra una caja más de galletas de las *girl scouts*.

1403. Da gracias a Dios por no responder a todas tus oraciones.

1404. Acepta el triunfo y la derrota con la misma elegancia.

1405. Actúa con precaución el primer día que te compres una motosierra. Te entrarán ganas de cortar de todo en el vecindario.

1406. Mira siempre las actuaciones de las bandas de los institutos en los descansos de fútbol americano. Se han entrenado tan duro como los jugadores.

1407. Nunca pongas una bebida encima de un libro.

1408. Come en una fonda para camioneros.

1409. Escucha tu música favorita mientras trabajas en tu declaración de la renta.

1410. Cuando un niño esté vendiendo algo por una moneda de diez centavos, dale una de veinticinco.

1411. En los viajes largos, asegúrate de que alguien además del conductor permanece despierto.

1412. Nunca des una mascota como regalo sorpresa.

1413. Nunca ignores la luz de alarma del aceite en tu coche.

1414. Cuando alguien se disculpe contigo, no le des lecciones.

1415. Convierte tu aniversario de boda en una celebración que dure todo el día.

1416. Cuando te mudes a una casa nueva, planta un rosal y pon una nueva alfombra de bienvenida para que parezca que estás en casa.

1417. Haz volar un beso cuando un ser querido se aleje en un vehículo.

1418. Lleva una pequeña navaja suiza en el llavero.

1419. Guarda un par de paraguas económicos en el coche para poder ofrecerlos cuando llueve.

1420. Jamás pidas una barbacoa en un restaurante donde todas las sillas estén a juego.

1421. Cuando finalices un curso, estréchale la mano al profesor y dale las gracias.

1422. Deja algún donativo en las teteras del Ejército de Salvación que encuentres a tu paso durante las fiestas navideñas.

1423. Haz más fotografías de personas que de lugares.

1424. Muéstrate dispuesto a sufrir una incomodidad pasajera a cambio de una mejora duradera.

1425. Memoriza y utiliza la extensión completa de tu código postal.

1426. En lo relativo a los alquileres, recuerda que es mejor una casa sin alquilar que un mal arrendatario.

1427. Cuando alguien te guste de veras, díselo. A veces solo tienes una oportunidad.

1428. Nunca te burles de las personas que chapurrean en tu lengua. Significa que saben otro idioma.

1429. Cuando pases por la cola de la caja, pregúntale siempre a la cajera qué tal está.

1430. Cuando necesites que se haga algo, pídeselo a una persona ocupada.

1431. Cuando viajes, lleva el número de teléfono y la dirección adonde te diriges en la cartera.

1432. Jamás subestimes la influencia de las personas a las que hayas permitido entrar en tu vida.

1433. Lee los agradecimientos, las introducciones y los prefacios de los libros.

1434. Envíale a un amigo que esté pasando por el aniversario de la pérdida de un ser querido una tarjeta de «pienso en ti».

1435. Escribe una nota de agradecimiento al profesor de tus hijos cuando veas que están aprendiendo cosas nuevas.

1436. Entérate de los nombres de tus bisabuelos y de lo que hicieron.

1437. Accede a una sala o a una reunión como si el lugar te perteneciera.

1438. Restaura una pieza de mobiliario por lo menos una vez en la vida.

1439. No uses tus dientes para abrir cosas.

1440. De vez en cuando camina por viejos cementerios y lee lo que pone en las lápidas.

1441. Cuando los visitantes pregunten, sé capaz de recomendar tres o cuatro cosas «ineludibles» para ver gratuitamente en la ciudad.

1442. Nunca hagas esperar en un viaje gratis.

1443. Comparte el mando a distancia.

1444. Si le pides a alguien que haga alguna cosa por ti, déjale hacerlo a su manera.

1445. Una vez al año llévate a tu jefe a comer contigo.

1446. Saluda con la mano a los maquinistas de los trenes.

1447. Cuando visites parques nacionales, aprovecha todos los recorridos y explicaciones que ofrezcan los agentes forestales.

1448. Recuerda que la mejor manera de hacer mejores a tus hijos es hacer mejor tu matrimonio.

1449. Llama a tus padres nada más regresar de un viaje largo.

1450. Ponte al día con los libros superventas escuchándolos en el coche.

1451. Aprende a remar en canoa.

1452. Cuando alguien que conoces esté sin recursos, envíale por correo de forma anónima un billete de veinte dólares.

1453. Saborea cada día.

1454. Cuando viertas algo de un recipiente a otro, hazlo en el fregadero.

1455. La aspirina es aspirina. Compra la marca menos cara.

1456. Nunca escales con un único clavo.

1457. Protege tu entusiasmo de la negatividad de los demás.

1458. Recuerda: por preguntar no se pierde nada.

1459. Si vives en la misma ciudad que tu suegra, de vez en cuando pódale el seto y lávale el coche.

1460. No pierdas mucho tiempo con parejas que se critican mutuamente.

1461. Pregúntate si lo que estás haciendo hoy te acerca adonde quieres estar mañana.

1462. Recuerda: tu tarea no es conseguir gustar a las personas, sino que te gusten las personas.

1463. Jamás le compres un reloj Rolex a alguien a quien le falte el aire.

1464. Nunca frías beicon desnudo.

1465. Nunca te pongas en cuclillas con las espuelas puestas.

1466. Presta atención a las fotos de niños desaparecidos.

1467. Lee biografías de hombres y mujeres de éxito.

1468. Ofrécete para bendecir la mesa en las comidas de las festividades.

1469. Las cosas malas ocurren en los malos lugares, así que abstente de ir a malos lugares.

1470. Cuando alguien te dé un regalo, jamás digas: «No deberías haberlo hecho».

1471. Recuerda que la única pregunta estúpida es aquella que no llegaste a preguntar.

1472. Cuando encuentres una moneda en el suelo, cógela y dásela a la primera persona que veas.

1473. Añade *El libro de las virtudes*, de William Bennett, a tu biblioteca.

1474. Nunca te pierdas la oportunidad de estrecharle la mano a Papá Noel.

1475. Mira un vídeo sobre reanimación cardiopulmonar y primeros auxilios de emergencia con tu familia.

1476. No esperes resultados distintos del mismo comportamiento.

1477. Guarda en la guantera toallitas refrescantes.

1478. Ofrece siempre a los visitantes algo de comer o beber cuando se dejen caer por sorpresa.

1479. Pasa el tiempo con gente afortunada.

1480. Lava la ropa blanca por separado.

1481. Nunca salgas con alguien que tenga más de dos gatos.

1482. Hazte la cama cada mañana.

1483. Invita a tus padres a cenar fuera de casa en tu cumpleaños.

1484. Cuando alguien te diga que te quiere, jamás digas: «No, no es cierto».

1485. No revises los botiquines, armarios o neveras de los demás.

1486. Cuando corras con tus hijos, deja que ganen al final.

1487. Para una aventura inolvidable, deslízate por el río Gauley en Virginia Occidental.

1488. Recuerda que nunca se ha conseguido nada importante sin que alguien se arriesgara.

1489. Una vez en verano, corre entre aspersores.

1490. Defiende tus más altos principios aun cuando tengas que hacerlo solo.

1491. Ve reposiciones de *Aquellos maravillosos años*.

1492. Cuando nazcan niños en tu familia, conserva el diario de ese día. Dáselo en su decimoctavo cumpleaños.

1493. Abraza una vaca.

1494. Cada dos meses, pásate una media hora en una juguetería grande.

1495. Apoya a empresas familiares.

1496. Examina meticulosamente tu trabajo escrito cuando lo hayas acabado.

1497. Incluso en desplazamientos cortos en transbordador, sal siempre del coche y disfruta de la travesía.

1498. Lee *The Old Farmer's Almanac.*

1499. Jamás te resistas a un impulso generoso.

1500. Cuando estés enfadado con alguien, escríbele una carta contándole por qué te sientes así, pero no se la envíes.

1501. Cuando estés de vacaciones o de celebración familiar, no te preocupes demasiado por el gasto. No es momento para contar centavos; es una ocasión para atesorar recuerdos.

1502. Asegúrate de que el número de teléfono es lo bastante grande como para que se lea fácilmente en el membrete de tus cartas y de las tarjetas de visita.

1503. Sé leal.

1504. Recuerda que todos tenemos días malos.

1505. Aprende a comer con palillos.

1506. Nunca afiles un bumerán.

1507. Jamás abochornes adrede a nadie.

1508. Interrógate sobre tus prejuicios.

1509. Abstente de parar en restaurantes con letreros de «Se busca personal».

1510. Come con moderación.

1511. Obra con energía.

1512. Cuando estés enojado, haz una caminata de treinta minutos; cuando estés muy enfadado, corta un poco de leña.

1513. Cuando devuelvas un libro o una prenda de vestir que te hayan prestado, deja una nota de agradecimiento.

1514. Manda afinar el piano cada seis meses.

1515. Cuando veas a los integrantes de una familia en una camioneta para mudanzas, muéstrales el pulgar hacia arriba. Necesitan todo el aliento posible.

1516. Evita los cajeros automáticos por la noche.

1517. Sé el vecino que siempre saluda primero.

1518. Controla lo que comes en los cócteles. Cada aperitivo tiene unas cien calorías.

1519. Recuerda que lo más importante es que lo más importante sea lo más importante.

1520. Invita al pastor de tu comunidad a cenar.

1521. Asegúrate de que la persona con la que vas a casarte ama la música.

1522. Llévate a tu familia de vacaciones a un rancho para turistas.

1523. Jamás rompas la comunicación con tus hijos, hagan lo que hagan.

1524. Contempla cada desviación como una oportunidad para experimentar cosas nuevas.

1525. Cuando los adultos enfermen, cuida de ellos como si fueran niños.

1526. Borra los registros de tu calculadora después de usarla.

1527. Sé consciente de cuándo despedirte en una fiesta. Siempre es cinco minutos antes de que lo quiera la anfitriona.

1528. Presta oídos a los rumores, pero no contribuyas a alimentarlos.

1529. Aprende la historia de tu ciudad.

1530. Recuerda que la riqueza no consiste en tener todo el dinero que quieras, sino en tener todo el dinero que necesites.

1531. Recuerda que buena parte de la verdad se dice bromeando.

1532. Di cada día algo que anime a tus hijos.

1533. Recuerda que la felicidad verdadera es fruto de una vida virtuosa.

1534. No vivas con el freno echado.

1535. Visita el Instituto de Arte de Chicago.

1536. Sigue un curso de reparación básica de coches.

1537. Nunca te quejes de la comida o la diversión en actos sociales de la iglesia o actividades de beneficencia.

1538. Cuando hables con alguien que se estrena como padre, pídele siempre que te muestre una foto del bebé.

1539. Si sabes que vas a perder, hazlo con elegancia.

1540. Utiliza buen papel de carta cuando quieras que tus comentarios escritos sean tomados en serio.

1541. No asumas una hipoteca para tu hogar que supere el triple del salario anual de tu familia.

1542. Cuando te pregunten, utiliza el tiempo necesario para proporcionar a quienes visiten tu ciudad direcciones completas y claras.

1543. Nunca empujes a una serpiente con un palo corto.

1544. Deja en herencia las recetas familiares.

1545. No olvides que tu actitud es igual de importante que las obras.

1546. Pide consejo cuando lo necesites, pero recuerda que nadie es experto en tu vida.

1547. Rescata tus sueños.

1548. Enseña con el ejemplo.

1549. Planta más flores que las que cojas.

1550. Comprométete con un objetivo poderoso.

1551. Recuerda que crear un matrimonio que funciona es como cultivar; tienes que empezar de nuevo cada mañana.

1552. Recuerda que todas las verdades importantes son simples.

1553. Vive con sencillez.

1554. Piensa con rapidez.

1555. Trabaja con diligencia.

1556. Pelea limpiamente.

1557. Sé generoso.

1558. Ríe en voz alta.

1559. Ama profundamente.

1560. Incluye a tus padres en tus oraciones.

Agradecimientos

Quisiera dar las gracias a las siguientes personas por compartir sus consejos e ideas:

Christine Aitken, Lu Astrene, Donald Blackerby, Bernice Blake, Joseph J. Blank Jr., Heather Bledsoe, Brandy Blunden, Brad Brady, Jessica May Bridges, Blanche Broadbent, John R. Brubaker, Chris Burdette, Yvonne M. Burgess, Robert E. Burr, Nicole Burton, J. Bruce Camealy, H. Paul Canady III, Amanda B. Chambless, Sabrina Charles, Esther C. Chi, Timothy Cleavenger, Gary Cohen, Brenda Collins, Susan M. Condron, Lindsay Cook, LaShaunda Cox, Diane Crafts, Ovidin Cristea, Timothy Cundy, Jon Daniels, Megan E. Davis, Paul Davis, Mariken Hasert Deist, Tommy Doss, Julie Ann Dunaway, Pat Dygert, Kendall Eagan, Diane S. Emser, Joyce Evans, Maryhelen E. Evans, Carol Feneis, Charlene Fertig, Kari Lee Forde, Bonny L. Foster, Valerie Garfield, Marilyn Goodrich, Beth Grant, Josh Gray, Tobi Greer, Brandy Gregory, Kyra Harris, Matthew Hayhurst, Matthew J. Hire, Peggy Hope, Carole L. Horn, Frederick F. Hovey Jr., Chandra Howard, Amy L. Huey, Sheryl Dickson Hunnie, Emma Jane Hunt, Brandy

Jackson, Wendi Jackson, Lillian Jahngen, Reid Jason, Rebecca Ellen Johnson, Cliff Jones, Susan Kaschak, Patricia A. Kebles, Katie Kerlin, Hannah Kim, Chic Klinger, Ashley C. Knowles, Grace Kolek, Nick Kopsinis, Cheryl Kuelske, Daniele M. LaRoy, Anne Lavelle, Susan Lewis, Sari Librach, Matt C. Little, Bethany Lombard, Samantha Loucks, Robyn Lowe, Mary Lynch, Kevin McAllister, Joan McConnel, Darin McCrea, Eileen McDermott-Pride, Kimberly A. McMunn, Terri Magrans, Matthew Makowicz, Maureen Malahovsky, Gina Malanga, Ryan Malone, Antonella Mangion, Lisa Marie Martello, Sheri Lyn Mayfield, Michael Mega, Jennifer Mendelis, Darlene Marie Miller, Jessica Lyn Miller, Martha A. Milhaem, Marie Milton, B. Omega Moore, Rick y Carmen Morgan, Cynthia Myers, Jane Nanbeck, Paula Nigro, Lori Nocito, Jeffrey A. Norton, Pat O'Brien, James D. O'Leary, David O'Malley, Irene Packard, Donna Diane Palmieri, Anna Lucille Parker, Julie S. Paschold, Christopher Peplinski, Dale W. Perry, Laurie Phelan, William Polvay, Donald D. Pruyn, Amy Quigley, Sharon Reinhardt, Brenda M. Ridgley, Ann Seidl Rittal, Deborah L. Roye, Linda J. Rudman, James F. Rueber, Emma Russell, Helen Russell, Raymond Sarin, Donna M. Schieber, Leslie K. Schillinger, Mark Schymik, Mark W. Scott, Lana Shelstad, S. Todd Shively, P. Willaim Simonini, Donna Sisco, Arona Smith, E. B. Starke, R. Quintin Stephens, Adina L. Stone, Carrie Thomas, Diana Thomasian, Esther Trumpower, Karen Utz, Elizabeth Pettit Varner, Grace Veloso, Jana Washburn, Darrell Wayne, Joellen Welch, Carolyn D. Wells, Douglas A. Welsh, Heidi Wengel, Mildred White, Teresa Whitehead, Helen Alexander Williams, Dean E. Wilson III, Olivia Wong, Avaril Woodward, Ruth H. Young y Kelli Zenisek.

Querido lector:

Si tus padres o abuelos te dieron un consejo que sea especialmente significativo y te gustaría compartirlo a través mío con otros lectores, escríbeme, por favor, y cuéntamelo.
Me encantará tener noticias tuyas.

H. Jackson Brown, Jr.
P. O. Box 150115
Nashville, TN 37215

www.instructionbook.com